2021年8月,在北京首农香山会议中心和全国著名特级教师华应龙先生一起交流小学数学教育问题。

2020年12月,在曲阜尼山圣境和博导张增田教授一起讨论中国古代教育哲学。

2021年8月,在上海华东师范大学和全国著名特级教师邱学华先生参加世界数学教育大会。

2021年5月,学校成立中小学语文、体育名师工作坊。

2021年9月,济宁市主要领导来学校指导教育教学工作。

2021年3月,山东省教育教学研究课题开题。

2021年6月,执教"长度单位的复习"公开课。

2021年9月,给全校师生讲开学第一课"强国有我,强教有我,强校有我"。

小云会课室

游小云 著

东南大学出版社
SOUTHEAST UNIVERSITY PRESS
·南京·

图书在版编目(CIP)数据

小云会课室 / 游小云著. —南京：东南大学出版社,2022.6
ISBN 978-7-5766-0133-6

Ⅰ.①小… Ⅱ.①游… Ⅲ.①小学数学课—课堂教学—教学研究 Ⅳ.①G623.502

中国版本图书馆 CIP 数据核字(2022)第 088543 号

责任编辑：丁志星　责任校对：韩小亮　封面设计：毕　真　责任印制：周荣虎

小云会课室

著　　　者	游小云
出版发行	东南大学出版社
社　　　址	南京四牌楼 2 号　邮　编：210096　电　话：025－83793330
网　　　址	http://www.seupress.com
电子邮件	press@seupress.com
经　　　销	全国各地新华书店
印　　　刷	南京工大印务有限公司
开　　　本	700mm×1000mm　1/16
印　　　张	14.25　彩插：0.25
字　　　数	280 千字
版　　　次	2022 年 6 月第 1 版
印　　　次	2022 年 6 月第 1 次印刷
书　　　号	ISBN 978-7-5766-0133-6
定　　　价	58.00 元

本社图书若有印装质量问题,请直接与营销中心调换。电话(传真)：025－83791830

序

做一片追寻教育本质的云

游小云是我的一名博士生,但更是我的朋友,我们常常喊他"小云"。在我的众多学生中,他是比较特殊的一位,从一所籍籍无名的乡村小学走到了名城苏州,多年来一直从事学校教育教学管理工作,从一名普普通通的数学老师成长为一名出色的校长。我了解那个年代,了解那个年代的中师生,他们不到二十岁就走上工作岗位,成家立业,步入平淡而稳定的生活。事实上,在国内基础教育一定范围内的教育行政管理干部中,有和他类似经历的人恐怕为数不少,但像他这样坚持学习,读到博士者实为少数。在我们相处的过程中,让我深受触动并为之感动的还有小云那股执着和勤奋求学的韧劲和精神。读博的日子,他工作学习两地跑,教学管理两不误,勤奋学习,笔耕不辍,重视教育科学研究,并孜孜不倦于此道。这种韧劲和精神实在难能可贵。

一般来说,对于基础教育工作者,进行教育理论研究和进一步深造学习的动力相对较低,但在小云身上,我们似乎根本看不到这些客观存在的不利因素。相反,我们看到的是他一直具有的很高的学习热情和探索、研究教育规律的主动精神。多年来,始终不为实际生活所困扰,习惯于站在一个更高的角度对教育生活作理性的思考。可以说,从教育第一线成长起来的他不仅有老师、班主任的实际经验,而且善于总结工作经验,把它提高到理论层次,使理论和实践密切结合起来,在他身上都表现得极为明显,这是十分值得肯定的。

《小云会课室》一书,是一本记录小云在教育教学以及管理过程中所思所悟的一本书,是一本实实在在出自教育教学一线的著作。从这本书的内容可以很明显地感受到作者早已把学科教学提升到了学科教育的高度,教育教学工作在他的眼里心中早已不再是一份工作,而是一种生活,他早已把它看成了学生生命成长和自我精神成长的一部分。书中的内容涉及教师具体教学环节的方方面

面,不仅包括如何备课、如何上课、如何处理学生的家庭作业整个教学流程,也包括如何在实际教学中把握好学生的个性,因材施教,促进学生发展,还涉及教师如何促进自身发展、提高专业水平等问题,旨在帮助教师提升自身素养,促进学生发展。书中的语言平实无华,但源于教育教学实践,又高于教育教学实践,既有思想层面的引领性,又有实践层面的可操作性,如《家校共育,合作共赢》一文中提到了三"计",即共情计、统战计和赏识计。先看共情计,看似平常无奇,却常常被忽视,遇到问题很多老师和家长往往控制不住情绪,脾气在前,理事在后,处理结果可想而知,如果先"共情"则不然,在你接受和理解对方情绪的基础上,往往会拉近双方的心理距离,为事情的解决扫清了硬邦邦的情绪障碍。还有统战计,"学生的心灵不是一个需要填满的罐子,而是一颗需要点燃的火种。"小云提醒我们抓住一切机会,"团结一切可以团结的力量",从多个角度去发现学生的闪光点,并及时给予肯定,帮助学生重拾信心,激发成长内驱力。再看第三计"赏识计",魏智渊教授曾在他的著作《教师阅读地图》中对赏识教育进行了深入解析,如果说魏教授是从理论层面进行阐释,那小云的这篇文章便是赏识教育的典型案例。

《小云会课室》无疑凝聚着作者长期的心血和心得。可以说,这本著作是作者生活中不辍的学术思考和学术追求中诗意生活的结晶。说句心里话,小云的这种学术和生活的态度也是值得我学习的,至于本书的实际效果和其价值高低,最终还要取决于读者诸君的取舍与评价以及历史的筛选。

玉汝于成,功不唐捐,我们拭目以待!

张增田

首都师范大学教授,博士生导师

目　录

第一辑　博慧映像 ·· 001
　　牵手博慧，成就一生 ·· 002
　　成长有法，贵在得法 ·· 004
　　守住底线，成就品质 ·· 006
　　执行到位，榜样引领 ·· 008
　　贵在坚守，勇于创新 ·· 011
　　知晓常识，润泽生命 ·· 013
　　永葆激情，追求品质 ·· 015
　　学生第一，培养自主 ·· 018
　　家校共育，合作共赢 ·· 022
　　携手育人，理解尊重 ·· 024
　　千教万教，教人求真 ·· 027
　　工匠精神，立德树人 ·· 030
　　家校携手，理解尊重 ·· 032
　　理性引领，渗透思想 ·· 034
　　练在关键，精准作业 ·· 038
　　精准辅导，培养能力 ·· 040

第二辑　小云会课 ·· 043
　　教育艺术，自然生长 ·· 044
　　专业课程，活动载体 ·· 046
　　以生为本，关注未来 ·· 049
　　尊重学生，面向全体 ·· 051
　　抓住两头，科学备课 ·· 054
　　关注阅读，提升素养 ·· 059

启发交流，培养理性 ………………………………………… 061
学为中心，把握细节 ………………………………………… 065
解决问题，发展能力 ………………………………………… 069
专业成长，成就自我 ………………………………………… 072
探索规律，重在经历 ………………………………………… 075
尊重个性，因材施教 ………………………………………… 077
智慧说课，艺术育人 ………………………………………… 079
发展思维，学为所用 ………………………………………… 081
举一反三，提升能力 ………………………………………… 082
针对分析，提高效率 ………………………………………… 084

第三辑　感悟名师 ……………………………………………… 087
从实体性思维到生长性思维的转变 ………………………… 088
错若化开，成长自来 ………………………………………… 091
课改从改课开始 ……………………………………………… 095
心中有数无限好 ……………………………………………… 100
高观点，小学数学教学的时代追求 ………………………… 105
儿童立场，为品格而教 ……………………………………… 111

第四辑　教学心语 ……………………………………………… 117
化"错"养"正" ……………………………………………… 118
《指向学习力提升的小学生数学写作》教学成果报告 …… 120
计算教学的迷失与回归 ……………………………………… 124
数学教学"三假"现象、根源及对策 ……………………… 128
单元整体设计：教学观的应然追求 ………………………… 131
在算理算法统一中形成技能 ………………………………… 136

第五辑　好课多磨 ……………………………………………… 141
"用数对确定位置"的三次磨课历程 ……………………… 142
基于模型思想指导下的教学尝试 …………………………… 149
经历探究过程，关注直观理解 ……………………………… 155
基于能力而教，凸显数学本质 ……………………………… 162

在过程中生长数据分析观念 ·················· 168
　　把握画图本质，发展关键能力 ················ 174

第六辑　以文化人 ····························· 183
　　数学文化渗透：现状、原则及策略 ·············· 184
　　小学数学关键能力要素分析及培养路径 ·········· 195
　　私立学校教师激励策略研究 ···················· 202
　　强国有我，强教有我 ·························· 214

后记 ·· 216

第一辑
博慧映像

牵手博慧，成就一生

我与伦华教育共同成长15年，对"博融天下、慧悦人生"教育理念的认知越发深刻！

伦华教育的使命是"博融天下、慧悦人生"，简称"博慧"。"博融天下，慧悦人生"，既概括了培养现代公民的要求，也是学校办学理念、经验、特色的概括。博融天下，《说文解字》中说"博，大通也"，就是广大而精通。具体来说就是海纳博取、积淀传承、融汇浸濡，是放眼世界，纵观古今的气度。大胆吸纳国内外先进的教育理念、课程、方法，另一方面又始终根植民族传统的土壤，将古今中外的教育与文化融为一体。慧悦人生，包括精雅灵动、自由完整、幸福愉悦，是由内而外的优化与升华。"慧"是教育的大智慧，更是人生的大智慧。我们力争让教育充满幸福和愉悦，让学习的过程、成长的过程成为幸福愉悦的旅程。

博慧理念也在进行一场宁静的课堂革命。我最近迷上了日本课程理论专家佐藤学的作品，从《静悄悄的革命》到《学校的挑战：创建学习共同体》，再到《教师的挑战：宁静的课堂革命》，对照佐藤学教授的课程理论与我们伦华"博慧"理念，有很多异曲同工之妙！比如说学习方式的改变，都是表现为从各自呆坐的学习走向活动性的学习，跨越学科、时空，成就学生的学习文化场，从习得、记忆、巩固走向探究、反思和表达。再比如说教学方式的变革从传递、讲解、评价走向触发、交流和分享，而我们的教学更注重对话，包含学生与书本、社会的对话（与物的对话），学生与同学的对话（与人的对话）和与自己的对话（反思的对话），以上三种对话即是学习的本质，促使以上三种对话的达成也是我们教育的目的。华东师范大学钟启泉教授评价佐藤学老师的观点：尊重和信赖可以说是一切学校改革的核心概念。教学的基点是尊重和信赖每一位儿童，而我们博慧理念则认为"教育因尊重每一个生命的平等而神圣"，我们培养的孩子是具有"创新力、合作力、沟通力、博爱、自信、奉献"三个关键能力和三个必备品格素养的现代公民，不仅关注学生的创新精神、批判精神、合作意识，而且关注心胸格局的培养与表达。佐藤学教授书中表述的师生关系非常和谐、民主和平等，老师在课堂上对于学生更多的是恳请和感谢,学生更多的是表达和倾听,摒弃了我们课程改革初期热闹活跃的场景,欣赏柔和寂静,能够拓展自己可能性的课堂。

课程变了,学校也在悄悄改变。课程设计是教育教学的核心,我个人认为:有什么样的课程,就有什么样的学校,课程的设计关系到"立什么德、树什么人"的根本问题,课程设计是学校发展的立足点和归宿点。从大的顶层理论来说,课程论主要有学科中心和儿童中心,学科中心的出发点是学科本身,关注知识传递,忽视儿童兴趣及心理发展规律;儿童中心的出发点是儿童,关注儿童的需要、兴趣、能力,却在一定程度上忽视知识本身。两种理论各执一端,相互独立,截然相反,针锋相对!学科中心论一定程度上指向学科课程,儿童中心论一定程度上指向活动课程,融合两种课程理论一定程度上指向综合课程和隐形课程。处理两种课程理论的基础在于"融",取"学科中心论和儿童中心论"两种理论的优点,博汇交融,你中有我、我中有你,而不是相互独立,各执一端。所以我们国内学校,融的是校际、国际课程的优势与长处,融东、西方课程文化精髓。我曾经参加过一次亚太青年领袖峰会,会间一位日本校长展示了他们学校的课程设置,还附带了周课时安排,对于他毫无保留的交流精神,我十分钦佩,为他点赞。回到我们自己的学校,既可以从学科中心出发,有着眼于国内外两条线的必修课,有基于个人兴趣的选修课,如社团兴趣课程、师生共研课程、艺术课程、实践课程……还可以从儿童中心出发,有针对中高考的国内升学路线,也有针对出国留学的国际路线,还有针对男女生分别教育的绅士班和博慧女班……因学科、学生设计的一整套课程实施下来,教学育人效果获得一致好评。

成长有法，贵在得法

教师的专业成长是奋斗出来的！青年教师上课一般要处理好三个关系：在教学原则上，处理好学生主体和教师主导的关系；在教学设计上，处理好预设和生成的关系；在教学节奏上，处理好直线推进和循序渐进的关系。在教师成长的路上，公开课、专题讲座、各类比赛、课题研究、论文案例获奖或发表，哪一方面都不能出现短板。在成长的路上需要有三种意识：一是站稳讲台意识，成长不是一蹴而就，而是循序渐进、日积月累，好的做法和经验就来源于我们的教学实践，讲台是我们的主阵地；二是创新突破意识，心中有人、心有目标，勇于突破自我，多看、多读、多想、多写，把自己的课堂记录下来，尤其是把上教研课的磨课历程记录下来，撰写案例加反思的教学随笔是突破自我的一种好办法；三是好课多磨意识，好课是磨出来的，这里不是相同的老师对相同的学生重复相同的故事，而是执教者面对不同的授课群体经历学习知识的生长过程。我钦佩王开东老师对阅读与写作的执着；佩服师父华应龙老师备课过程中的深入思考，和衣而睡，每有教学灵感随时记录下来；敬仰我们尊敬的曹校，41岁时参加安徽省及全国评优课，提出跨文化英语教学主张。还有难忘曾经的同事打磨省级评优课，他们享受憧憬、迷茫、顿悟、重生的成长过程。教师成长需要三种精神，一是狼性精神，把握机会，将来的你一定会感谢现在奋斗的自己；二是钉子精神，一钻到底，坚持反思，持之以恒；三是种子精神，只有具备种子向上生长的精神，不论环境有多恶劣，拥有阳光、水分和适宜温度就向上生长，就好比我们青年教师拥有好的师父、发展平台和好的研究氛围，每一位教师都是一粒优秀出色的种子！

如何做一个"博慧"的教师？

首先，智慧地爱每一位孩子。把握三个原则：正而不偏、严而不厉、适而不过。有一句话："不会爱，爱变害！"爱首先建立在公平公正的基础之上，关心关爱孩子，让孩子有向老师倾诉的机会和途径，某种意义上，批评也是一种负责的爱！

其次，有规则地"经营"每一个班级。建立班级文化、组建班干部队伍、实施民主治班、运用正面激励,多一些"可以怎么做""应该做什么",少一些"不能做什么"……

再次,适时地提醒个别孩子。我们都知道"三颗糖"的故事:陶行知先生做校长时,有一次看到一个孩子用石头砸人,陶校长就叫这个孩子待会儿到他的办公室去。(这是"缓"的原则!)孩子忐忑不安地来到校长室,发现校长不在就在外面等。(这是"冷"的原则!)过了一会儿,陶校长来了,看到他却没有批评,只是从口袋里摸出一颗糖,说:"你来了,我却迟到了,奖励你一颗糖。"孩子愣住了,陶校长又摸出了第二颗糖,说:"刚才我错怪你了,你是干部,在管理其他同学,再奖你一颗糖。"(这是"绕"的原则!)孩子拿了两颗糖感到很羞愧,连忙诚恳地承认错误。于是陶校长又给了他第三颗糖:"能自己认识到错误,再奖你一颗。好了,我的糖分完了,你的问题也解决了,现在你可以走了。"(这是"化"的原则!)瞧,陶行知先生就这样用了三颗糖,三言两语就教育了这个学生,没有严厉的批评,没有大声的训斥,但相信这个孩子再也不会犯类似的错误。批评学生是讲究策略和艺术的!"缓"是为了让学生冷静思考,"冷"是为了认识自我错误,"绕"是正面引导,"化"是认识错误之后给予正面肯定!

最后,借力家校沟通。家校沟通坚持主动原则,建章立制,让家委会管理有序,尤其是人、财和物的管理,形成家校合力!

如何做一个"博慧"的师父?在某些学校,有很多青年教师成长得很快,原因有很多,个人努力与悟性、团队合作与引领、继续学习与反思、师父言传与身教……我曾经带过几位徒弟,有勤奋的、有悟性高的……每带一位徒弟,我的课就不再是"推门课",而是"开门课",师父教室的门永远为徒弟打开,打开的是一种心态,打开的是一种底气,打开的是一种责任,打开的是一种传承。因为,有朝一日我们的徒弟也终究会成为师父!当下怎么做师父?我们每周有和徒弟一起分析教材吗?有每周听课并聊课吗?有布置徒弟写教学思考吗?有交流名家教育思想或进行师徒共研吗?有进行师徒同题异构吗?或是进行一课三上吗?我们是否有关注徒弟的个人专业成长,关心徒弟的生活?……出于一些原因,自己有很多做得不到位,庆幸的是每一位徒弟的课进步很大。徒弟成长了,受益的是他们的学生!我们做师父一定程度上也需要感谢徒弟,因为对自身成长也有促进作用,教学相长就是这个道理。

做一个"博慧"的教师,师者如水、润人入心。《道德经》有言:"上善若水。水善利万物而不争。"意思是说:上善之人,像水一样柔顺,滋养万物而不与万物相争,有功于万物而又甘心屈尊于万物之下。"上善若水",是一种境界,一种情怀,也是我们每个教育者的道德理想。

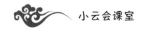

守住底线,成就品质

守住底线,方能长治久安!警觉地坚守安全底线。预防大于治理,防患于未然;特殊重于一般,特殊学生特殊管理;突发安全事件,先救人,后协商,抓问题关键;安全警示、安全演练、安全教育,必须深入每一位学生内心。一次班主任会议上说到作为班主任应具备以下关键能力:

教育资源整合能力;

主题班会设计与实施能力;

人际沟通和交往能力;

专业自主发展能力。

除了以上四种关键能力,还有一项底线要求,那就是有责任心、敢于担当,这也是德育人的基本必备能力!我们老班们每天的几个关键瞬间:

早上到校第一件事:到宿舍或餐厅遇见学生,刷"存在感"很重要!

进教学楼第一件事:进班级而不是进办公室,关注学生情绪。

管理班级第一件事:班干部交流,发动学生,班干部是班主任的左膀右臂、眼睛、耳朵、录音机。

午会第一件事:关注习惯养成,天天讲习惯,时时养习惯,正所谓道之以德,齐之以礼,有耻且格!

任课教师交流第一件事:特殊学生、抓两头、促中间。

回家前第一件事:班级或宿舍转一圈,再刷一次存在感!

班主任主要具备四大关键能力和三个工作品格。中国学生发展核心素养包含关键能力和必备品格两大方面,作为一线班主任,我们的关键能力和工作品格又是什么?班主任关键能力,在日常教学管理过程中不可或缺、举足轻重,我认为班主任需要具备以下四个关键能力:首先是教育资源整合能力。现在教育资源丰富多元,如何整合各种资源?可以通过家访,可以通过家长会、家长课堂、家委会;还可以是学生资源、学生社团资源、社会资源或网络资源等等。资源为我所用,多种形式育人。其次是主题班队会设计能力,十年前我做班主任时以一部《哈佛家训》治班级,一部四册,每天一个小故事,现在的班队活动和十年前又有不同的创新要求。再次是与人沟通能力,包括和学生的沟通、和家长的沟通、和班级任课教师的沟通。最后一个是自我发展的能力,信念是动力,科研是途径,自主是保障。谈起工作必备品格,主要有三个,一是多研究事,少研究人;二是眼中有人,心中有爱;三是多些务实,少点务虚。

每次活动,把自己定位于下面的听众,肯定是需要得到收获的,所以活动需要给他人收获。借用周卫东特级教师的话语,把老师们带到"高速公路的路口"。需要老师们自主学习、提升,从"被成长"到"自成长"。首先,一场活动需要有伦华教育核心价值观,具体包含教师观、学生观、家长观、课程观……德育活动的核心价值观就是"博慧"二字,每个环节、板块、片段应该体现出"博慧"这一核心价值观。其次是多维定性刻画,班主任职务虽小,但责任重大,我做了17年的班主任,特喜欢做班主任的感觉,那是自己的实验田。我喜欢做一名守望者,班主任可以从影响一个孩子,扩大到影响一个家庭、一个社区……再次,思想引领学习是借力发力,借专家的教育思想引领我们的成长,直接经验不够,间接经验来凑。最后,汇报交流提升,无论是口头交流还是形成文字,都需要从感性认识上升到理性认识,把琐碎化、片面化的认识上升到科学化和系统化的认识。如果我们已到高速路口,请问:路在何方?

执行到位,榜样引领

没有执行力,一切等于0!很喜欢看《亮剑》,源于喜欢李云龙这一人物形象!喜欢李云龙的原因之一在于他的执行力。一个组织如果主管执行力弱,整个团队的执行力就弱,关键时刻主管不在,执行力弱的团队即成一盘散沙。那种只有工作布置而不问工作反馈和指导的作风要不得,这样一线员工的问题会越积越多,好的主管应该给予员工明确的方向、及时的指导、果断的决策!李云龙就是这样一种主管,任何时候分清轻重缓急,任何时候让战士们能够看到他们自己的指战员。孔子曾说过"在其位谋其政",既不能把本职工作往下推,也不能往上推,而应各司其责,所以,当上级主管问:还有没有更好的办法?这时需要深入思考,谋好其责!不是主管不乐意为我们想办法,而是我把孔子的话变为:"不在其位,不谋其政!"

没有执行力,一切等于0!一个好的方案、制度、理念、思想,需要逐层强有力地执行到位。大到我们课程改革,课改课改,执行到位就是改课改课,需要改变我们自己的上课方式,师生互动的交流方式、评价方式以及作业布置方式等等,如果不执行,再好的课程理念也落实不到孩子们的成长历程中来。小到我们学校的每一次课间护导,按时到岗、尽心尽责、关注学生,不做与护导无关的事情,这也是执行到位。再比如说,大家都知道家庭教育对孩子的成长非常重要,春晚台词都有"陪伴是最好的家庭教育"。我们家长执行的是"陪孩子外出吃饭、游玩、看电影",至于学习呢,也是执行不到位。我有一位同学,孩子很小时,每天晚上都有一段时间陪孩子一起看书,天天坚持,偶尔有事就由先生陪孩子学习、做手工,陪吃饭。两种不同意义的陪伴,后者才是执行到位,她的陪伴带给孩子是长久的愉悦和收获。

管理的奥秘在于尊重员工的自主性。我曾经管理一个单位,经常有老师、班主任、中层向我请示汇报工作,我都给他们一一解答,谋好对策,久而久之,大家一遇到问题就直接来找我!美术课有一个词称为"秩序美",借用在管理领域可以说每一个岗位都有其职责,如果一个岗位承担过多反而团队效率不高,因为大多数人都依赖你做出决策,你不做出决策反而就是你的不对了!有一天曹校回复我的消息"一个好汉三个帮",这里有团结协作、互帮互助的含义,但也有发挥各种岗位自主性的意思。班主任有班主任的决策范围,年级组长有年级组长的决策范围,中层有中层的决策范围,副校长有副校长的决策领域,由上面层级把握决策大方向。我常常抛给中层的3个问题:以前我们是怎样操作的?遇到的最大困难是什么?还有没有更好的解决办法?让我们的老师或员工看到问题的"昨天、今天和明天三个时间的工作生态",即梳理现实问题的来龙去脉,把握问题解决的实质,优化统筹问题解决的策略。只有这样,我们每一个人的自主性才能充分调动起来,层层具备秩序美,自主性调动起来了,创造性也就随之而来。

特别喜欢一句话:低调的奢华。看方案,一字一字,尽量不提没有价值的问题;做事情,一环一环,尽量深思熟虑不给他人添乱;站讲台,一点一滴,积极思考摒弃功利主义;碰头会,一分一秒,想他人之想思想碰撞;在岗8小时,一分一秒,不网购、不闲聊、不登录无关网页,一心做一事;思备课,一字一句,不抄袭,多借鉴、多创新、多思考……一切的一切,简简单单做人,踏踏实实做事。

骨干怎么干?主管怎么管?骨干与主管是一层组织的核心,当下,我们怎样担当起骨干和主管的职责?

1. **不做老好人,敢于"得罪人"。**

很多时候,我们发现身边总存在老好人,怕得罪人,其实到头来执行力度越来越弱,人的能力提高也慢。记得我曾经教一位女老师如何与上级交流汇报工作,我告诉她无论今后走到哪一个工作岗位,别人可能会问你是谁带过的兵。不怕得罪人在于立制度、行规则、晓执行,工作与私人感情分得清清楚楚!

2. **事事有人管,层层抓落实。**

遇到事情时,骨干、主管应成为排头兵,多想办法和解决方案,既注重分工,更注重合作。遇事看主管,骨干不"干"、主管不"管",如何树立权威?不是因为有"权"才有"威",骨干、主管、甚至任课教师的权威都是"干"出来的!举个例子,上层把框架搭好,做出的方案有语法语病甚至条理不清,这样的方案换位思考,你怎么想?

3. **不做旁观者,要做智囊团。**

遇到麻烦不要怕,否则更麻烦,骨干、主管要给上级多提供建议,提供解决问题的方案,汇报说方案,少说自己艰辛的过程,做领导的智囊团。

4. **遇事冷静思考,忌讳一拍脑袋。**

解决问题要深入调查,冷静思考,自己先想清楚为什么,怎么办,可能会出现

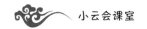

什么问题,我又该怎么办?多预设,多深入讨论,多交流,深入年级组、教研组、学生、家长等群体,了解情况,做出决策!

5. 部门间凝心聚力、互通有无、信息共享。

主管与主管之间、骨干与骨干之间,互相补台不拆台,今天你帮我,明天我拉你,发现问题第一时间去思考、交流、解决、完善。事事、时时、处处具备"这事与我有关"的心态开展工作!

以上五点,我们实践、实践、再实践,骨干和主管必能带领一个个团队从优秀走向卓越!

贵在坚守,勇于创新

今天遇到一位多年不见的初中同学,没聊多久就开始羡慕老师工作多轻松,假期又多……不在其位不知其味。教师的工作时间看上去只有一周 5 天,去除寒暑假,工作时间确实不长,但是教师的很多工作在 8 小时之外完成:备课、辅导学生、课题研究、撰写论文、职称评审材料准备、公开课、基本功竞赛、评优课准备、素养大赛、学校文化布置、校园几大节日、创建材料准备、和熊孩子谈心、特殊学生的心理辅导、安全礼仪教育……每一项工作都要花费我们大量的精力,很多家庭只有一个孩子都遇到教育难题,何况我们教育工作者是面对几十个乃至更多的孩子。

教师最大的不易在于工作的"创造性",年年岁岁花相似,岁岁年年人不同!就以备课这一项工作为例,孩子们变了,你能一份教案一成不变吗?我们不能凭一张旧船票不断登上千变万化的课堂!教师工作的创造性还在于所面对的工作对象是一个个精神个体,这些个体都具备不同心理活动。教育工作难于进行测评的地方也就在此,它不像工人生产商品那样,有许多技术参数,合格与不合格有明显的标准,教育不一样,它的价值可能在当下,也可能在 10 年或者 20 年甚至更久,在于教育的延时价值。所以说一个孩子遇到一位好老师是孩子的幸运,学校有一群好老师是学校的幸运,社会源源不断涌现好老师是民族的幸运!我的身边有许多优秀的同事,他们寒暑假还在忙于读书阅读,为了讲好语文课亲身体验生活,和家长一起进行亲子大阅读,他们的工作总是给我们不一样的味道,我想,这就是"创造性"吧!

教师应该是创新的理想主义者。我很喜欢赵雷这位歌手,我是通过 2014 年"中国好歌曲"了解他的,他演唱的《画》我甚是喜欢:"……画上绿岭与青坡、画上四季都不愁的粮食、画上慈祥与安宁的……我没有擦去争吵的橡皮……"曲子里充满了许多神来之笔!新的学期即将来临,回归我们教师角色,我们内心也需要这样的一支神来之笔,做创新的理性主义者。创新的理想主义者首先在教学过程中,重视学生的个体差异,习惯于根据学生的实际情况进行教学,课堂上习惯于被学生提问,思想教育习惯于平等地与学生交流,班级管理习惯于学生的参与意识和自主管理。创新的理想主义者其次表现在教育质量观上,重视学习能力中的创造能力,重视兴趣、情感、意志、个性等非智力因素的培养,重视面向全体与教育质量的普遍提高。如果赵雷缺少创造性,他不可能写出《画》这样美妙的歌词,只要一支笔,他就能把生活过得如画一般;创新的理想主义者最后表现在学生观上,我们需要培养有自己的独立见解,敢于发表反对意见的学生,培养敢于说不,有批评精神和质疑能力的个体。

知晓常识,润泽生命

很多老师在论文中表达了"教知识,更要教文化""知识和文化同样重要"这些观点。试问:什么是文化? 我喜欢这样一句话:文化是根植于内心的修养,无须提醒的自觉,以约束为前提的自由,为他人着想的善良。可是,我们生活的周围,尤其是在公共场所总是存在一些人"有知识没文化"的社会现象。曾经和一位外教接触,他来中国工作没多久,在例行体检中诊断出在腰部有较大肿瘤,我们及时帮他联系美国家人,买好机票,问询他"How are you?"他总是乐呵呵地回答:"I am ok."给人以一种乐观的精神状态,不把自己不好的状态展示给他人。反观我们周围的个别孩子,他们总是想着自己,这也许是因为家里有4个甚至更多的人围着他宠着他。有一次和一位老师说起一个丢垃圾的孩子,他每次下车都是把车内垃圾随手一扔,以至于他们家车位的一圈总是被垃圾所包围。文化培育的场所在于家庭,每一个家庭单位懂得"修身、自觉、约束、为他人着想",社会的文化氛围就浓了。

今天你帮我,明天我帮你,帮来帮去帮自己。这学期,自己分管的部门有中小学德育、生活管理部和常青藤培训中心。有分工,有合作,比分工更重要的是合作,这里的合作包含部门与部门之间的合作,还包含校际相同部门之间的合作。在合作中,眼光放远、资源共享、合作共赢,保持"帮人即是帮自己"的合作心态。合作愉快,工作效率高,合作受阻,幸福指数低!

学会常识并储备常识。教育包含两个方面:教和育。"教"更多地体现在知识与技能的学习,"育"更多地体现在三观、审美、健体、为他人着想等常识。我们切忌"只教不育",也不可"重教轻育",而应"教育并重"。我们每一位教师,不仅仅承担知识的传递,更重要的是对学生的三观、审美、健体等施加影响。在育的过程中学生学会常识并储备常识。这里的常识是指人在立身处世过程中必须理解掌握的基本规则。比如,我们把教室的垃圾袋丢入垃圾桶之前需要扎好口,防止在拿和放的过程中垃圾漏洒出来,也不能丢在洗手间增加保洁人员的麻烦,这就是常识;领取餐盘等排队坚持一米线,方便他人转身行走离开,也不会使自己的衣物与菜汤亲密接触,这也是一种常识;在教室里说话、在操场上讲话、小组讨论、课堂发言、近距离交流,我们的说话声音轻重有所区别,这还是一种常识;上下楼梯靠右走,有序不打闹,这更是一种常识……常识掌握,并理解为什么这样做的好处,我们的常识储备就会越来越多。

我们老师是为学生服务的!曾经毛主席题字"为人民服务",作为老师,我们应该为学生服务。学生的习惯养成、文明礼仪、人文交往、习惯习得、表达见解等等,这都是为学生服务的!这个过程中不是领导重视,我们就去开展,给人的感觉是为领导服务。学生是主角,从这个出发点想问题,学生成长了,学校也就成长了!

拥有常识,教育愈发灵动!

永葆激情，追求品质

把"麻将精神"融入日常工作会怎么样？今天听南京市长江路小学周卫东特级教师的讲座，聆听到一个词：麻将精神，回到家百度搜索，发现有很多解读。"麻将精神"主要有以下几个特征：

随叫随到，从不拖拖拉拉。

不在乎工作环境，专心致志。

不抱怨，经常反省自己：唉，又打错了！

永不言败，推倒再来。

牌好牌坏都努力往更好的方向整。

不管跟谁搭档，照样努力。

对于工作中使用的工具从不挑剔，一样顺手。

最主要是从不嫌弃工作时间太长。

从以上可以看出"麻将精神"有许多亮点：执行力强、态度严谨、目标明确、方向坚定、积极坚守、持续努力等等。联系日常学校教育教学工作开展、个人发展，我们需要以上八点精神！我们学校的管理层在决策、发表意见时是否深入了解情况？有时候我感觉到，听到的汇报未必可能全是事实，甚至是我们自己亲眼看到的也未必是事实。很喜欢《康熙王朝》中陈道明的一句台词：最不可以相信的就是奏折！企事业单位中层部门能解决的事情，可以在中层部门之间解决，不需要把过程、困难等情况描述到高层，否则中层什么时候做出决策？对于我们一线老师来说，面对学习暂时有困难的学生，我们老师是否全力以赴？而不是每次一开学挤水分、学期末晒亮点等等，我们一线老师一定是深入课堂、深入学生，眼中有人、心中有爱、肚中有货，站在学生的立场开展我们的教学工作。虽然我不打麻将，但我体验到在实际工作中多一些麻将精神，最终受益的是我们团队的每一个人！

时不我待，只争朝夕，每一位教师都需要关注自身成长。我们学校的一面墙上有这样几句话："学生是宝贝、家长是朋友、教师是财富"，极具内涵！当下，很多学校都在助推教师的专业发展,有请进来的讲座、走出去的听课,有各种高级研修班,还有各种人才计划、专业发展工程等等多种形式,可以说通过外力作用助推教师专业成长途径已经非常丰富了!那我们教师个人从内而外自发成长又有什么基本途径呢?未来几年,教师素质的提升会越来越重要,第一个有关教师队伍建设的文件《中共中央 国务院关于全面深化新时代教师队伍建设改革的意见》中明确指出:全面提高中小学教师质量,建设一支高素质专业化的教师队伍,提高教师培养层次,提升教师培养质量,强化"三字一话"基本功训练。老一代师范生肯定知道,"三字"是粉笔字、钢笔字和毛笔字,"一话"是普通话,其实我们以前还有"一画",那就是"简笔画"。由此可见国家战略层面开始关注教师素养培养。习近平总书记说过:一个孩子遇到好老师是一个孩子的幸运,一个学校拥有一批好老师是一个学校的幸运,一个国家源源不断涌现出好老师是一个民族的幸运。《厉害了我的国》里面出现的很多技术骨干都是35周岁以下的年轻人,一定程度上说,个人发展要赶早,时不我待书写奋进之笔。教师个人发展的由内而外的途径是个人学习,不断进行职后继续教育,简单地说就是读书加写作。教师和医生有许多相似之处,一个治肉体,一个塑灵魂,两者的专业化程度都很高。医生的专业知识程度高,教师的教学知识更新快,两者都需要及时更新知识。我们大胆假设一下:如果医生和教师进行岗位互换,医生给孩子们上一个星期的课绝对没有问题,他可以讲科学、生理卫生、心理辅导、思想道德等等。而老师恐怕坐诊一分钟都是不可能的事!我们去医院是否常常看到医生的办公桌上都放着厚厚的医学用书,他们一有时间就补充自身医学知识,在这一点上我们老师应该向他们学习,利用空闲时间进行读书。发展自己,从读书开始,由内而外,要求孩子读书,我们自身先读书,必是一举多得的好事!

学校的发言权在于质量和特色。任何一级组织,它在某一领域的话语权一定是其产品质量和特色。记得有一次在苏州市长江1号西域美食吃牛肉泡馍,享受新疆美味,看看店内,有很多食客,小店在众多餐饮店中人缘不错,其中成功的奥秘在于它的饮食特色和质量。当下的学校教育,老百姓谈论最多的是教育质量和特色,质量更多的是有关学生综合评价,特色更多的是素质养成、素质教育……比如在苏州,很多学生和家长选择苏州中学,不是因为它培养出了许多院士、科学家等教育成果,更多的是从苏州中学出来的孩子骨子里有一种精神,很多同学打招呼是:"*学,你好!"如果你姓游,可能有人会称呼你为"游学",这里的"学"不仅仅是一个动词,还可能是名词,甚至可以是形容词,是对学习行为的尊称与崇拜,这就是学校的教育质量和特色。对于国际学校,它的特色应该是融东西方文化(包含课程文化、教育观、教师观、家长观和学生观等等),汇千百国语言(包含小语种、中外合作办学、国外课程二次开发等等),质量就是出口与升学,如果这两手抓实、做活、抓硬,学校就拥有话语权。

好学校的标准是什么？是拥有优秀的教学质量,还是具备鲜明的教学特色,或是优秀的教师队伍？一所好学校首先是要有灵气的,孩子们喜欢走进学校,主动参与课堂,带着期待来校,带着自信回家。一所好学校其次是要有活力的,孩子们在活动中享受快乐,拥有笑容,展示个性。一所好的学校还要为孩子终身能力的培育奠基,培育锻炼之趣,学会生存之道,掌握求知之法,运用交流之术,培养审美之味……更要意识到好的学校应该站在孩子的角度实实在在地因材施教,适合孩子的教育才是好的教育,好的学校也是在先进教育理念的引领下师生们不断生长和发展,而不是让先进的教学理念简简单单地挂在墙上、印在纸上,应该流淌在全体师生的思想之内、行动之中。

学生第一，培养自主

不一样的教育培育不一样的生命个体。在我们小学大队委和学生领袖团换届选举中，我看到了27位自信阳光、思维敏捷的伦华"博慧"学子。这次换届让家长委员会和学生家长一起参与，学生家长现场提问，家长代表述说孩子从班级推荐、演讲、候选人风采展示等一路走来的成长。27位候选人正是10000多名优秀伦华学子的"缩影"，他们用行动证明自己的优秀！学校提供孩子展示个性和才能的舞台，这个舞台是培养出一位位"博慧"少年的平台，他们拥有梦想，他们勇于追梦！给我印象最深刻的是上一任大队长的卸任感言，既总结了这一届的大队委工作，又对下一届信心满满，有感恩又有挑战，有不舍更有担当，全篇脱稿演讲，他不是用"脑"在演讲，而是用"心"在演讲！通过大队委和领袖团的竞选，每一位孩子在若干年后回忆起这件事都是一份记忆、一份生长、一份精神力量！

每到毕业季，我总会想起我带的2014届六年级的毕业生，想起我们师生一起改编的《时间都去哪儿了》。正是因为学校给学生提供了一个平台，展示学生的自主、自信和自立能力，成就了一场精彩的"金色童年·圆梦苏外"为主题的毕业典礼。

首先，毕业典礼重在培养学生自主。

校园的香樟树又增添了六个年轮，六年的光阴，已匆匆走过。六年的相聚留不住离别的脚步，转眼间，孩子们即将奔赴中学的征程。当学生站在毕业的门槛上，一起回眸六年的美好时光，必将成为学生记忆中最难忘的日子。摆在我这个六年级年级组长的面前的是，如何开启学生心灵的感恩之旅，给学生提供一个展示个性的舞台，给他们留下一个美好的毕业典礼？

给孩子一个怎样的毕业典礼？是老师一手包办，还是发挥学生自主？毕业典礼的主题由学生确定将会是怎样？带着这几个问题的思考，我们全体年级组的老师积极讨论、交换意见，最后统一认为发挥学生的自主，放手让学生自主策划一次毕业典礼。讨论一结束，我们老师就发布"英雄征集榜"：主题就叫作"我的毕业典礼我做主"。

我的毕业典礼我做主

毕业,意味着我们不再是小学生了;

毕业,意味着我们就要挥手告别母校、老师和朝夕相处的同学;

毕业,意味着我们生命的小船即将满载理想和希望再次起航……

为纪念这个特别的时刻,为表达我们对母校和同学的眷恋,

我们的毕业典礼,我们做主!

> 1. 我设计的毕业典礼主题是:
> 2. 我设计的毕业典礼有这几个环节:
> 3. 针对我们这一届同学的特点,毕业典礼中应该加入的特色内容是:
> 4. 毕业典礼中,我最想表演的节目是:
> 5. 感恩母校,我们可以为母校做点什么或者留下怎样的纪念:

一下子,我们就把学生的积极性调动起来了,有的班级还发挥了集体的力量,小组一起讨论,最终形成了"金色童年·圆梦苏外"为主题的毕业典礼。从进场的签名墙、拍照、节目彩排、搬道具、主持词定稿、演出服的搭配……全部是学生自己动手、动脑,自主独立完成的。

其次,毕业典礼重在培养学生自信。

六年的生活是一幅五彩斑斓的画卷,学校有读书节、外语节、科技体育节、艺术节,这四大节日是校园最亮丽的风景。读书节,沐浴书香,幸福成长,精美书签,方寸世界蕴书情;美文诵读,最是书香能致远;双语节,快乐英语,英文小剧,剧本表演,重现经典影视剧;圣诞派对,融合东西方文化……

今天所有的孩子依旧留恋学校报告厅的舞台,有没有个别孩子,从来没有走上报告厅的舞台来展示自己的个性?后来,我私下了解到,有个小Q同学怕被别人笑话,小学阶段还真没有在舞台上表演过。我和他闲聊,说老师小时候和你一样,有些胆小,怕被其他同学笑话,也没有在同学们面前表演过,但我觉得很后悔。你想和老师一样留有这样的人生遗憾吗?他的回答是要努力争取在同学们的面前展示自己的风采。在我的鼓励下,他告诉我,他跳绳很厉害,速拧魔方也不错,能上台表演吗?我的建议是:"上。"

基于对这位小Q同学的考虑,我们特意在毕业典礼上增加了"课间十分钟"之"花式跳绳"和"我是校园小达人"颁奖典礼,有的同学获得"器乐小达人",有的是"心算小达人"……我们的小Q同学被评为"魔方小达人"。当他进入初中后,还会通过QQ给我发来节日问候,谢谢老师给了他重新认识自己的机会,明白了

凡事要靠自己,做最好的自己!在这次毕业典礼上,我们全体师生达成了一种默契,即全体同学都要上台表演节目,共同庆祝小学阶段最后最美的时光。

再次,毕业典礼重在培养学生自立。

孩子们毕业了,六年的小学生活,有成功的喜悦也有挫折的沮丧,有开心时的欢笑也有难过时的泪水,这些都是童年最美好的回忆,也是学生人生第一笔宝贵的财富,值得一辈子小心珍藏!通过毕业典礼这种仪式,我们的孩子又将站在新的起点上,踏上新的征程。作为老师,在小学阶段还需给他们上"最后一课":自立!希望他们在今后的人生道路上,不忘"博慧"精神,坚持梦想,勇敢面对挑战,去经历风雨,去书写自己的人生,在今后的人生道路上取得更大的成功!

孩子们再次走上舞台,从曹校长手里接过小学毕业证书,走到心愿树下,写下一句句勉励自己的话语:

地到无边天做界,山登绝顶我为峰。心有多大,舞台就有多大。梦有多美,未来就有多灿烂。

播种、耕耘、收获,我们的成长蕴涵了一代代人编织的梦想。

科学务实,自强不息,追求完美,不断地超越又将铸就明日的辉煌!

启航,总酝酿着点点的感伤;启航,也意味着怀揣美好的期望。

季节总是如期而至,雏鹰总要凌空翱翔。我们的嘴角扬起微笑,我们用自信的笔端写下:明天会更好!……

一句句人生箴言、一行行未来心愿,激励着孩子们自立自强,在今后的成长历程中,是一笔厚重的人生财富。

最后,毕业典礼重在培养学生感恩。

教会孩子感恩是德育活动永恒的主题。孩子们感谢母校给予的厚爱,感谢老师给予的关怀。正是母校的培育和老师们的教导,使学生从懵懂无知到基础扎实、能力提升,从幼稚天真到身心健康、气质沉稳。学生将六年的点滴感悟整理成一本本小册子,留给母校作为一份纪念;把自己平时看过的书捐给学弟学妹们,用自己的零花钱给学弟学妹们购买乒乓球台,鼓励他们在学习过程中多多锻炼身体,健全体魄。

在这次毕业典礼上,我们安排了一位执教这个年级六年的老师做"幸福感言",表达对学生们的感谢。正因为师生相互感恩,营造一种感恩的氛围,让学生感受到相互尊重、相互感恩的价值。老师说道:"感谢学校领导,一直以来给予我们这个年级的肯定与厚爱;感谢可敬的家长朋友,你们的默默关注与支持,是我们工作的最大动力;我更要感谢六年级这些可爱的同学们,与你们相伴走过的六年,一路书香,有欢笑有泪水,这六年,我走得忙碌、走得充实、走得精彩,我成长着你们,你们也成长着我,谢谢你们。"

六年的光阴,转瞬即逝,校园的香樟树依然枝繁叶茂,郁郁葱葱。在即将告别多彩的童年、进入多梦的少年时代,我们给孩子一个自主、自信、自立和感恩的毕业典礼,我们的孩子必将背起自信的行囊,装满永不言败的激情,踏上挑战自我的征程。

家校共育，合作共赢

"教育没有情感和爱，如同池塘没有水一样。没有水，就不称其为池塘，没有爱，就没有教育。"作为班主任，需要用爱的甘露滋润孩子的心田。教育需要智慧，用我们的情感和无私的爱心不懈地积累，我们就能生成智慧的教育。

"特殊"的小J父母离异，上学期刚转到我班，她爸爸考虑到孩子学习基础弱，断然不顾小J的反对让她重读五年级。起初她注意力不集中、自信心不足，总觉得自己学不好，什么事情都提不起兴趣，对于老师的提问，她缄默不语；作业或是一片空白，或是乱写一通，写满为止；自理能力弱，没有养成整理习惯，书桌和宿舍总处于凌乱状态；同学关系也很紧张，在宿舍里常常违反纪律，常常捉弄别人，同学们都不喜欢她；随着身心的生长发展，常常以个人空间和隐私为由，变得独来独往。看到小J的表现，我急上心头。忽然有一天，看到她独自伤心地哭泣，侧面了解到她的日记本被几位男同学强行翻开，并在班级里朗读，日记中暗恋班级某位男生的内容被曝光，这让她觉得很伤心。

针对她的情况，思考再三，我决定采用共情计、统战计和赏识计：

第一，共情计，帮孩子找回尊严。

首先，召开班队会，讨论如何尊重他人隐私。同学们一致认为每个人在人格上都是平等的，不能因为成绩暂时落后而不尊重她，把她的隐私公布于众。组织同学们换位思考，如果你的日记本被其他同学看了并被大声宣读，你心里是什么感受？"我会找一个地方躲起来""我会无地自容""委屈、伤心、自卑"……孩子们通过换位思考充分体验到受害方的内心感受，认识到不能因为小J同学的成绩和行为习惯不好就不尊重她。随后我给大家讲了英国首相卡梅伦"从羞涩的差等生到耀眼的政坛新星"的故事。听完后，同学们安慰小J暂时落后不等于永远落后，说不定小J就是我们班的"中国卡梅伦"。

最后，几位男生诚恳地向小J道歉，我注意到小J心情缓和了许多。

第二，统战计，让孩子感到温暖。

古罗马教育家普鲁塔克认为："儿童的心灵不是一个需要填满的罐子，而是一颗需要点燃的火把。"我抓住一切机会,"团结一切可以团结的力量",和她交流,点燃她向上的心灵。引导她多读书,给她推荐阅读书目;多思考问题,遇到事情多和老师们交流……同时组织班干部帮助她,和她一起参与课外活动,让她感受到同学对她的信任,感受到同学是自己的益友;让她感受到同学给自己带来的快乐,在快乐中学习、生活,在学习、生活中又感受到无穷的快乐。针对她上课注意力不集中的问题,我每节课中的简单问题请她优先发言,让她体会到学习的快乐,获得成功的体验。针对她学习落后的情况,我优先辅导作业,既注重学习基础的提高,也注重良好学习习惯的养成。于是小J同学先有认识上的提高,再有认知上的提高。

第三,赏识计,促孩子建立自信。

与各科老师统一意见,用赏识的眼光来看待她,充分发现她身上的优点。小J心地善良,乐意为班级做事情,主动给班级建立图书馆,她从家里带来了很多课外书。学习也渐渐积极起来,主动预习、练习和复习。每个学生身上都有优点,后进生也并非一无是处,对于后进生身上表现出来的优点,哪怕很微弱的闪光点,很微小的进步,我都及时加以引导肯定,挖掘其闪光点,从赞美中去满足她们的心理需求,使她们产生欣慰、幸福的内心体验,增强自信心和上进心,提高学习的兴趣与内在的动力。当一个孩子对学习有了兴趣与动力,她的提高就变得轻松、容易多了。在一次数学口算练习中,她全对了。我非常兴奋,对她大加褒奖,并说:"世上无难事,只怕有心人,只要努力,你一定不会比其他同学差!"她自信地点点头。和老师们交流,得知她进步很大,课堂发言比以前更积极,各科作业态度更认真! 在这以后的帮扶中,我始终坚持"用行动证明你的优秀",她的成绩逐步上升,这学期,她被班级同学全票评为"进步之星"。

"教育就是一棵树摇动另一棵树,一朵云推动另一朵云,一个灵魂召唤另一个灵魂。"我们应给予学生更多的关爱、鼓励、帮助,尊重学生,用集体的智慧使孩子不断进步。"共情计"构建班级命运共同体,"统战计"构建互帮互助班风学风,"赏识计"构建尊重生命平等氛围。"教学有法、教无定法、贵在得法"。"有法"是符合教育规律,"无定法"是选择适切方法,"得法"在于适合孩子。我们站得更高,看得更远,想得更细,整合班集体所蕴含的教育资源,构建以人为本、符合学生个性需求的育人环境,同时发挥自身的核心作用,做班级教育的倡导者、引领者、实践者,形成有效的教育合力,智慧的教育由此而生。

携手育人,理解尊重

"5+2=0",你觉得奇怪吗?

什么是"5+2=0"?"5+2=0"的意思:"孩子在学校接受5天教育,双休日在家接受家庭教育,受到不良影响或者无人管教,学校这5天的教育效果就会丧失殆尽。"这种现象是可怕的,而阻止"5+2=0"现象的出现,就是让学校教育与家庭教育保持一致。

源起:"掣肘"的家长。

我们班的家长,受教育程度普遍比较高,68位家长中,有博士2人,硕士11人,本科学历41人,高中或中专学历12人,初中学历2人。很多家长自认为有一套"科学"的教育理论,大多信奉自然教育理论,崇尚"个性化",主张减少束缚,崇尚"自主化",但忽略良好行为习惯、意志力等非智力因素的培养。下面是摘自班级的微信群其中一天晚上的家长们留言:

"我发现你们学校大多数孩子的个子偏小。你们学校除了每周三节体育课之外,每天阳光体育1小时要多让孩子跳跳绳、打篮球,这有助于孩子的个子生长。"

"昨天送孩子上学时路过学校礼仪广场,看到老师和学生在排练升旗仪式,护旗的四个孩子都戴着眼镜,心里有些触动。学习固然重要,可孩子身体健康也很重要,所以恳请各位老师们多多提醒孩子们的学习姿势,适当地少些作业!"

"看到各位家长说作文,我认为作文来源于生活,首先要教会孩子从生活的各个角度观察生活的点点滴滴。只有体验五彩缤纷的生活才可能有更多感性和理性的积累(感悟人生),这样才能写出各种不同命题的好文章。当然我不否认写作技巧和训练的重要性,尤其是小学阶段非常非常重要,技巧训练及生活缺一不可。"

"老师的教学模式化,缺少个性化培养""作业机械化,不利于创造性思维培养""眼睛只有一双,合理科学用眼"等等,类似的建议从家长口中传出,并且有家长"抱成团"提建议的苗头。

反思:出现"5+2=0"的根源。

我不反对家长对学校教育提出建议,但前提是要相互信任、家校共育。家长一旦为孩子做了榜样的"示范"——"老师的话或者要求可以不听",这样就会降低老师的威信,影响正常的教学秩序。家庭与学校共同的教育目标是儿童成长,家长、学校在明确主体责任的情况下进行多方配合与沟通,共同培育孩子,从而达到育人效果。平心而论,家长提出的建议在某些方面符合先进的教育理念,但建议却比较片面,与实际情况不符。作为一所国际学校,学校的教学方式、学习方式、专业课程设置、活动开展载体都是以学生为中心,以学生的学习为中心。有的家长对于孩子的成长有些"迫不及待、等不及",存在"功利主义"倾向,给孩子制定学习方案,报名参加各项兴趣班。也有的孩子是被放养式的,周末时没有人管。家长也是听信孩子完不成作业就说作业多之类的话,有时候干脆让孩子"不重要的作业不做,不打紧的课不上"。有的家长所谓"民主教育"的实质就是一种纵容溺爱。让本来应该成为合力的家庭教育和学校教育变成分力,不利于孩子的成长。对此,经过深刻的反思,我认为"5+2=0"主要由以下原因造成。

首先,学生自身问题。

周末大多数孩子喜欢睡懒觉,起床较晚,作业基本上是安排在下午。做作业又没有合理计划,边做作业边玩耍,有的甚至吃零食、看电视或玩电脑等等,注意力不集中,学习目的不明确,自我要求比较低,导致作业效率低下。

然后,家长问题。

高学历家长最容易出现的问题就是把自己的成功经历复制在孩子身上,不根据实际情况,盲目要求孩子达到自己的目标。殊不知,社会不断变化,教育理念不断更迭,对成人的要求也发生改变,孩子背负的压力远远超过家长当年,过度要求只能增加孩子的挫败感;还有的家长对孩子的学习不够重视,存在"重知轻能""缺教少育"的现象,经常对孩子放任自流;更有许多家长借口自己很忙,根本顾不了孩子。他们没有意识到家庭教育的失误与失败将给孩子造成多大的遗憾和影响!

最后,环境影响。

一部分高学历家长认为孩子应该多接触社会,和国际接轨,于是片面理解为应给孩子配备平板电脑,游戏卡等等。殊不知平板电脑上网络媒体的宣传炒作,对学生负面影响大。班级里有的同学在家看《非诚勿扰》等娱乐节目,来到学校就模仿,比如,"大家好,24位单身女生你们好,我是主持人孟非"等等,这对是非观念弱的学生起不到正面教育的作用。由于过度沉迷娱乐节目或网络游戏,极大阻碍了学生良好习惯的养成和正确人生观、价值观的形成。

共育：解决"5＋2＝0"的对策

实施家校共育主要从以下三个方面：

首先，针对家长提出的建议，我们及时回复并感谢家长们对教育教学工作的关注和支持。如针对保护视力的建议，我请班级中队长主持一次"爱眼护眼、保护视力"的主题队会，使全体同学明确人的一生只有一双眼睛，如何保护视力，做到科学用眼，先形成集体认同，在每天眼保健操、课间休息、学习用眼卫生的过程中我们评选出"科学用眼小标兵"，以正面榜样强化好习惯的养成。

其次，请家长做到两个"一点"。

一方面，家长不妨"弱势一点"。我们班级的家长在单位里都是领导或者是商界精英，平时工作总是保持"强势作风"，回到家里依旧如此，强势作风泛化到家庭生活之中。我们的孩子就会相对"弱势"起来，"弱势"的孩子做事表现出唯唯诺诺、不主动、爱拖拉、注意力不集中等特征。于是我提出："强势"的家长造就"弱势"的孩子，爱"示弱"的家长造就"独立"的孩子。

另一方面，家长不妨"慢一点"。家长一定不能盲目自信，教育孩子时多问问自己，"我的方法适合孩子吗"？多蹲下来与孩子交流，仔细想想孩子真正想要什么，孩子能干什么；再根据孩子的实际情况配合学校教育加以指导，家长切不可因自己的学历高于教师而当着孩子的面干涉学校教育，如有不同意见也要合理提出，对话解决，不要把孩子推到学校和家庭教育矛盾的两难境地。

最后，通过家校对话形成"关系先于教育"的共识。文化教育学家斯普朗格认为："教育绝非单纯的传递，教育之为教育，正是它是一个人格心灵的唤醒，这是教育的核心所在。"在人的培养过程中，除了教育还有各种关系，如家校关系、亲子关系、夫妻关系等等。"关系大于教育，关系先于教育"，意思是家长和孩子、父母双方、家庭和学校之间都要结成相互信赖的"共情关系"。如果发现孩子有问题，先改善关系，在保持良好关系基础上的教育才可以实现因材施教、立德树人，使学生成为"全面发展的人"，这里的"人"不仅是当下的学生个体，更重要的是全面人、人的素养和发展、理性人和未来人……

家校共育要做的工作还有很多，我们不仅要知道现在孩子的身心特点、认知水平规律、学校培养目标以及具体要求，而且要明白教育孩子无须埋怨、无须指责，家校双方能做的就是力求给予孩子们更多的正面教育，教给他们做人做事的道理，消除"5＋2＝0"，最大限度地尽家校教育责任，使更多的孩子能成人成才。

千教万教，教人求真

让教育永远站在"教（较、叫）"真的立场上。我曾在一篇文章中研究过"假上课""假作业""假讨论"等在教学过程中的"三假现象"，恰逢考试季的时候，我们更要当心"假考试"！作为一名教育工作者，我经常深入家庭、小区、社区，或以理发的形式，或以家访的形式和家长们聊起教学质量的测评，交谈考试话题。民间对"假考试"也有一些交流："我们家小孩这次考试成绩才二三十分，这在班级里还算中等，考这么难是否有意义呢？""我们小孩考试学校自主命题，考试常常满分，但是一到区统考，成绩就下来了，考试题型过于简单，为了是让孩子有一个好的分数，适应家长交流场面上的唯分数论，这样是否有意义呢？""我们孩子回来说，'我这些题不会，老师提醒了我，'这样是否在弄虚作假？"还有的家长表示他们家孩子的老师既是教育者，又是出卷人，这样的考试是否有信度和效度呢？刚刚我们所听到的就是"假考试"等种种怪象。教育到底是为了谁？在我们学校二楼西面墙上有一句话：质量是学校的根，师德是学校的魂。教育就应该站在"教真""较真"和"叫真"上，试题过难或过于简单都不能反映测试的真实性，而给予学生提示或不实施回避原则更是不可取的，这样的教育比不教育损失更大。我们一般设置相应的试卷难度，采用8：1：1，前面的"8"是给基于学科课程标准和教科书，中间的"1"是指课后外延伸，后面的"1"的难度相当于书本的思考题。出现"假考试"的主要根源在于缺乏"教育文化自信"，从功利主义的角度或与职称相连，或与评优挂钩，或以评先牵连，不相信自己的教学，不相信自己的学生。"假考试"的90分还没有"真教育"的70分更有价值，这涉及人性教育中的"诚信教育"。正所谓：多一点较真，增一点叫真，掺假必误人子弟；少一点功利，去一些名利，教书应教人求真。

我很喜欢这样一句话：教育的本质不是考试，也不是谋生，而是激发兴趣，鼓舞精神。教育从尊重开始！每到考试季，或许有一些孩子没有受到足够的尊重，甚至被无情地剥夺了某些学习权利。23年前，我初为人师，所在行政教学区域有学校为了所谓的参评平均分，把一些暂时后进的孩子或安排在食堂，或安排在教工宿舍,剥夺了他们考试的权利。时至今日,我仍发现还有一些学校依旧采用这种简单"把学生藏起来",和行政主管部门"躲猫猫"的方法,为了学校、班级的平均分好看一点点。如果要追责下去,我们作为校长是需要承担主要责任,甚至要承担法律责任,耽误了一群老师,伤害了一群学生。真实的平均分、优秀率比虚假的高均分、高优秀率要有价值得多!我亲身接触过福建西山国际学校张总校长,每次开会他总会提到,小时候他的老师说他长大后不会有什么出息,以此要求我们全体教工要尊重每一个孩子,从语言和行动上尊重学生生命的平等!剥夺孩子的考试权利,对孩子的影响不仅仅是即时性的,伤害还具有延时性,在孩子生活的很长一段时间都会受到影响,台湾著名作家三毛就是一个真实的事例。第二轮课程改革已经实施近 5 年,改的不仅仅是学科理念、教学模式、学习方式、课程设置……更重要的是要改变简单粗暴落后的人文方式与人性影响。教育从尊重开始,教育源于尊重!

也有一种教育叫"夹缝中生存"。最近忙于和学生一起准备高新区的区统考,意识到素质教育和应试教育的尴尬相遇、学校的"夹缝中生存",尤其是对我们新开办的民办学校来说,再联系起最近《民办教育促进法》的修订,越来越发现我们是在夹缝中求生存。平时教学过程中,我们需要举办各种活动项目:四大节日,春、秋、冬季运动会,每月一次家长开放日,迎新跨年晚会,圣诞庆祝活动,学科活动,接待来宾,学校宣传,教学研讨,各项创建……学生和老师提供一个个发展自我和展示个性的平台,学校以教学质量为核心,以教学特色为发展,以科研促进特色和质量。临近区统考或期末测试,我看到很多孩子比平时缺少了一些笑容,有的孩子要开始还"知识债"了,对于我们任何一所学校而言,教学质量是学校的生命线,如何解决质量和特色不能和谐发展的问题,如何办一所有特色、质量高、课程优的学校,对于每一所公、民办学校来说都是一个有价值的科研课题。记得江苏省南京市以前搞素质教育,每年的高考排名在倒数位置,调整一下方式,关注应试教育,第二年的高考排名跃居前五,这需要我们老师思考的地方实在有很多方面。庆幸的是我们外国语学校在夹缝中生存得很不错,学生成长,老师成长,学校成功,我们一直在探索课程的融合,教学的探讨,学生综合素养的培养、微信课堂的实施、教学角色的互换……家长们也感觉到我们的不一样。追赶太阳,助推孩子,老师和学校不断成长是每一层级主管的责任。

教育是会传承的。我们在教育自己孩子或教育学生时,总会留下上一辈的印痕或其他教育者的影响。曾经和儿子有一段对话:"爸爸,你现在以打我的方式来教育我,将来我也采用打骂的方式来教育你的孙子。"当时我就懵了,我当下的教育方式不正映射出我的父母教育我的方式吗？很多人之所以采用一种简单粗暴的方式教育孩子，主要源于社会市民的恐慌心理：学生学习不好，上不了好的初中、高中、大学，对工作会有影响，唯有好的分数才能有好的未来。孩子的综合能力与解题技巧相比较，哪一个更有可持续发展能力？而我们和孩子的沟通方式也会影响到他们下一代，我们是民主平等儒雅的，将来他们必定是儒雅谦恭有礼；我们是简单粗暴的，将来他们的方式极大可能也是粗暴野蛮的！我们老师的教学方式也会传承的，教会孩子思考比告诉学生答案要高明得多，要鼓励孩子自己去尝试，慢慢地他就形成了自主探索、独立思考的方法。我们老师的学科精神也会传承给孩子的，以数学学科为例，除了知识与技能，数学的理性精神、批判精神、质疑精神、创新精神都会影响着孩子，这些精神的启迪远远超过"唯分数评价"的价值。传承是需要时间积淀的，它是一种慢教育，它需要经历时间的历练，需要静下心来理解，定下心来思考，潜下心来践行。

教育的目的在于学生毕业之时能够通过独立思考解决实际问题。造成民营学校激励机制问题深层次的原因是什么？这个问题从社会大背景以及学校深层次原因进行阐述。社会大背景即是从社会经济的快速发展和人民对优质教育的需求，政府对民营学校利好政策不断出台，土地、税收、补贴、师生待遇等等，社会游资或影响力大的企业投资教育，大量的民营外国语学校需要大量的优秀师资，这就造成很多民营外国语学校硬件太硬，软件过软！学校深层次的原因主要有3个：

1. 学校发展的顺序问题。

很多学校提出"做大做强"，我个人极不赞同，科学的发展应该是"做精做强做大"，师生均衡比不仅仅在师生人数比，还包含骨干教师与学生数的比以及骨干教师占全体教师的百分比。

2. 教师发展的顺序问题。

近年来，由于师范教育的弱化和教师资格证的考核改革，许多教师深层次的自我实现的意识比较淡，需要从"要我发展"变为"自主发展"。

3. 教师激励机制缺乏创新，尤其是在总校和分校之间，存在激励制度简单复制，教职工变了、区域文化变了、学校校情变了、发展阶段变了，激励机制肯定也需要改变，而且各项制度应该每年完善一次以适应学校各阶段的发展。从回答这个问题联想起我们当学生的感悟，再到理解教育的目的在于当孩子离开学校后，他能独立自主思考解决实际问题，我们的教育就成功了！

工匠精神,立德树人

教育需要"工匠精神"。最近网上流传一句话:撸起袖子加油干。说的就是科学务实的工匠精神,还有几句正能量十足的话语与朋友们共勉。

一个字:干。

两个字:主动。

三个字:让我来。

四个字:积极思考。

五个字:责任是我的。

六个字:有谁需要帮助。

七个字:目标一定会实现。

八个字:一切的工作为了爱。

九个字:我要成为多给予的人。

十个字:只有结果才能证明实力。

这些话语也体现了脚踏实地的工匠精神。工匠精神的精髓在于精益求精、追求完美、勇于担当、不计较个人得失,只为能更多地给予他人。工匠精神有的时候在他人眼里会觉得"吃些小亏",但长远却能获得他人的尊重。教师的工匠精神体现在日常的教学"四认真":认真备课,既注重备学生,也注重备教材,还注重备教法学法,把相关的教学案例进行横向对比,根据班级学情确定科学合适的教学方法预案;认真上课,富有激情,灵动传神,面向全体,兼顾个体,尤其是班级的"弱势群体",杜绝出现"边缘人";认真批改作业,注重面批面改,尊重学生劳动,及时合理地利用学生的错误资源,师生角色互换,学生讲给老师听;认真辅导学生,因材施教,发展学生的个性和特殊才能……工匠精神还在于敬畏自己的职业,尊重自己的服务对象,不断完善自己的工作方法方式,没有最好,只有更好!

工匠精神提升我们教师的师德水准。我个人认为师德不是写出来的,而是做出来的!我联想起曾经在幼儿园系统出现"红黄蓝事件",很多幼儿园园长、校长要求老师们写师德保证书,签师德责任状。然而很多老师利用网络,网上百度搜索,粘贴复制,形成千篇一律的师德材料,请问我们学校管理者:这样的师德材料有价值吗?

师德的建立首先在于完善的学校制度,设立教师日常行为规范的底线和红线;其次是活动载体,通过各种活动提高老师爱孩子的文化自觉;三是榜样引领,建立师父传帮带,工作生活建立联络人,徒弟成长了,师父有一半的功劳,徒弟表现不足,师父也有责任,一个影响一个……

家校携手,理解尊重

当下我们怎样进行家访？以前我在山村支教时,很喜欢到学生家里走一走,看一看孩子在家的表现,是否做家务,是否主动进行课外阅读等等,与家长聊一聊对我们的建议。那时候我是靠一支笔、两条腿、三步骤(访前备课、访中记录、访后解决和反馈)进行家访。它可以消除许多家校之间的误解,促进家校沟通。工作中我们不要怕麻烦,否则会更麻烦。现在是信息时代,我们还需要家访吗？家访时我们需要注意什么？当下,我们仍需要进行家访,看看孩子家里的学习环境、学习方式、家庭教育方式,给父母提供教育建议,家长给学校提出改进建议。对于我们民办外国语学校来说,家访显得更为重要,要坚持走进(近)孩子的家庭。对于家访,我们要把握三个原则：一是"常来长往","常"指的是经常性,形成一种常规,纳入日常工作计划,"长"指的是长久性,持久性；二是"深耕细作","深"指的是深入家庭、深入家长、深入学生,了解孩子的生活习惯、学习环境、课外阅读、与人交往、独立生活的能力,"细"指的是工作要细致,家校分工、家校合作、家长走进学校管理,提出学校发展建议；三是"灵活扎实","活"指的是灵活,方法灵活,对于家里有特殊原因,可以采用多种方式进行,交流方式灵活,提前预约,彼此尊重,把握时间节点,"实"指扎实有效,不走过场,及时解决孩子的困惑,解决家长教育孩子的问题。老师只有深入家访,才能更科学、更全面、更多维地教书育人。

班主任通过活动引领学生自主成长。孟子说："君子有三乐,而王天下不与存焉。父母俱存,兄弟无故,一乐也；仰不愧于天,俯不怍于人,二乐也；得天下英才以教育之,三乐也。"如何点燃班主任的工作激情,组织活动引领学生自主成长,创建特色班级,打破学部限制,强化家校联系等,是我一直思考的问题。有一天下午,和全体班主任一起分享收获,碰撞思维,既是认识会,又是交流会,更是交心会,我进一步认识了我们可爱的班主任,班主任也认识了分管德育的我,用《非诚勿扰》的话叫做"初体验"。我们常常要思考以下几个问题：

1. 我要培养什么样的人？教育是使人成为人的过程,柏拉图认为教育包含健体、智慧和审美,所以我们要培养有"强健的体魄、敏捷的头脑和积极的审美"的人。

2. 我要带什么样的班级?一个班级应该有班级烙印、班级特色、班级文化和班级品位……我们要培养有信仰、有追求、有创新的班级。再细化地说:班级的孩子会整理,不依赖他人;会学习,不依赖老师;会提问,不人云亦云;会审美,不晦涩粗俗;会合作,不落井下石。

3. 提出了建设目标,接下来就是怎么做,即如何达成目标?八个字:活动引领,知行合一。知行合一是遵循内心的良知,使能达到宁静于内、无敌于外的境界。我们应该采用学生喜欢"做"的方式,子曰:"吾听吾忘、吾见吾记、吾做吾悟。"告诉孩子道理,他随后忘记;示范身教,孩子铭记于心;体验感悟,孩子举一反三、学以致用。我们通过具体事例分享如何选择主题活动,联系广告创意,如"文明只有一厘米的厚度""妈妈,洗脚""爱的传承"等。采用"认知引领,在思考中明辨是非;实践体验,在活动中知行合一;素养提升,在自主中助力成长"三个阶段,让孩子从"他律"变为"自律",行为优化、审美优化、学业优化。教育的出彩之处在于学生的成长,把孩子往前推,给孩子搭建舞台、展示才能;培养技能,磨炼意志;学会合作,感恩分享;德智结合,助力成人!最后,我们也注重仪式感,为全校班主任颁发聘书,每个人都感到有这样一群敬业、活力、向上、包容的班主任队伍,真好!

理性引领,渗透思想

新的一学期又开始了,老师们的第一课应该怎么上呢？依据心理学的首轮效应,新学期的第一节课、新接班老师的第一节课、新单元的第一节课是非常重要的,与同学对我们老师的接纳、喜欢、尊重和崇拜紧密相连。第一课我一般不建议上新课,可以采用"聊天对话式"的课堂拉近师生彼此的距离。每一次新学期第一节数学课,我都送给全体同学三句话：

1. 计算是数学的灵魂。

每一个学科都有最最基本的知识和技能,所以第一句话涉及学科学习与我们生活最起码的要求和技能。数学学科最基本的技能是计算,这里也包含数学知识的形成过程(数学史);语文学科是字词,这里也包含文字的发展史与文学的发展史;英语学科是语用,即学习外语的核心在于先听说,后读写,依据语用规律听说在前,读写在后,不可逾越。思品学科的核心在于规则意识的养成而不是纪律的培养,纪律是他律,规则是自律,纪律是强制性地要我做,规则是自发地我为他人做,自己的言行让别人感到舒服,不轻易给别人添麻烦;科学学科的核心在于理性精神的培养,大胆猜想、小心求证的过程……为什么计算是数学的灵魂,原因首先是现在孩子的计算能力弱化,其次计算与我们的生活联系最为紧密,最后计算是培养孩子思维严谨的最好方法。常有家长说,"我的孩子粗心,所以计算出错。"我不同意这种观点,小时候学习上的马虎粗心就是成人后工作的不严谨。

2. 千金难买"回头看"。

这是从学习习惯上送给孩子们的一句话,"好习惯是学生的第一成绩""回头看"就是验证、检验和完善的过程,高明的学习不但要知道是什么,还要知道为什么,最最高明的学习是用"代入法""另解法""复做法"等方法验证自己的结论的正确。我们很多学生学习就是"拿题就写",缺失"先分析,再解答,最后验证"的完整过程。

3. 要多思考为什么？

这句话重在培养孩子的理性精神和批判精神。为什么是这样的？还有没更优化的方法和方案？自我否定和重构，不人云亦云，有自己的见解和观点，并且乐意把自己的想法分享给其他同学。

开学三句话，涉及学科基本技能、学习习惯和思维意识，话不在多，而在于对孩子有没有启迪，发展他们学以致用、举一反三的学习迁移能力。

对于教师来说，班里有熊孩子、有牛娃，这都是一件正常的事。这里熊孩子和牛娃没有褒贬之意，两者都有成人、成才的可能和空间。巡课过程中，看到有的青年教师，遇到熊孩子，简单训斥，看上去短期效果好，可长期难以服众，最不利的是让其他孩子无辜地为熊孩子的不良习惯买单，课堂效率不高。遇到熊孩子，怎么办？下面有6个小妙招，不妨一用。

1. 建章立制。建立课堂评价标准，细化上课、发言、作业、测评、经典发言、特殊表现等方面的加分和减分公约，采用过程性评价，学生相互监督。

2. 各个击破。可以个别提醒，小范围击破，或走近孩子，或讨论时提醒，或通过体态语言、眼神交流等等。

3. 以进为守。表扬优秀，也就是提醒孩子。多表扬赏识好的行为，其实就是在提醒杜绝不良习惯。

4. 正面强化。肯定欣赏孩子的优点。俗话说得好："我不一定喜欢我欣赏的人，但我一定喜欢欣赏我的人。"用放大镜看孩子的优点，用哈哈镜看孩子的不足，用显微镜挖孩子的潜能，智慧识人、心中有人、眼中有人。

5. 违规成本。熊孩子表现不好，需要他接受违规成本，可以在课间与他谈心，一对一交流。

6. 小目标，大转变。给熊孩子制定一个个小目标，努力努力即能实现，体验成功、快乐与自信，可以进行思维拓展，也可以私人订制头脑风暴，训练发散性思维，体会学习思考的乐趣，培养良好的思维品质！

平时很多老师工作很忙，一回到家有时累得躺在沙发上马上就能进入梦乡，十年前的我也是"工作睡觉"常态化，根本没有时间读书，总是以工作忙为理由给自己台阶下。后来我们年级组长鼓励我要成为学校教学骨干，一来我想成为骨干，那我就从读书开始，二来有时候我们总要求学生多阅读，那么我就带着学生一起读书。那个时候我记得和孩子们一起阅读《哈佛家训》，一套4本，每天几个小故事作为班主任晨会内容。渐渐地，每天晚上我都是伴着书香入眠。如果我们平时工作忙，到了假期，我们可以把平时没有看的书重拾起来，与书为友，像享受美味佳肴那样，细细品味……假期里我们可以读一些自身专业类的书籍，可以是教学法或教学理论，或是教育史或学科知识史，也可以是文史哲学类的书籍。

我们只有跳出学科阅读,才可能对所教学科认识更清楚,比如郑毓信老师站在哲学的角度思考数学。文史哲可以是离我们较远的儒释道,也可以是离我们比较近的明清两朝精神文化……我们还可以看一些休闲杂志,比如《读者》《阅读文摘》……利用假期临睡前的半个小时,静心阅读,坚持下去,我们会改变很多。

教而不研则浅,研而不教则空。有一次听徒弟的随堂课"认识含有亿级和万级的数",教学上我对她一直严格要求,聊课直面问题,有时是毫无面子可言,有时候也觉得自己太严肃了。师徒推心置腹,探讨教学设计的过程中,自己也成长了很多,对教材也有了更多的思考。课前学生已经积累了许多认数的经验,比如认识数位顺序表以及借助数位顺序表读数、写数;再比如位值的理解、大数的组成或意义……可以说,这一内容的学习对学生来说不是一张白纸。

1. 心中有数,脑中有表。

头脑里对数位顺序表非常熟悉,这对于理解数的意义、读写都有帮助。表达大数的意义可以多样化,可以是几个亿和几个万合起来,也可以换一个顺序,还可以再细化表达,有几个千亿、几个百亿、几个十亿等等;可以借助算盘表示大数,无论是数位顺序表还是算盘,可以借助分级线降低认数难度。在以往教学中,我通过对比,一组是提供分级线的,另一组不提供,两组进行比赛,充分体会分级线的好处。可以说,分级线既可以帮助学生读写、检验,也可以帮助教师评阅练习,利人利己,还具有化繁为简、简洁明了、一目了然的好处!

2. 体验位值,理解意义。

相同的数字,在不同的数位上所表达的意义就不一样,这就是位值制。

3. 读写大数,知识迁移。

无论是读数还是写数,都包含以下相同几点:读写的顺序是从高位起,一级一级往下读(写);方法的迁移,与个级相同;最后是 0 的处理。

4. 大数意义的理解在于推算。

比如 1 枚 1 元硬币 6 克,1 000 万枚 1 元硬币多重?这就需要一个推算的过程,比如从 1 枚到 1 000 枚,再到 10 000、100 000 等等,最后再和多少个身边熟悉的重量进行对比,由此感受大数的意义。

5. 基于理解,以学定教。

由学的方法设计教的方法,由思考的方法确定学的方法,这点涉及我们教师的解题能力或思路。比如书本有一题连线题,各个数位上的 9 表示什么意义,我们一般的思考步骤为:先分级,化繁为简;再确定 9 在哪一个数位上,理解数的意义;最后匹配连线。这就是我们思考、学生学习、教师教学的方法与思路。

课的推进需要具备层次感。听青年教师汇报课,发现他们的课堂上课感觉非常好,师生互动积极,对话热烈,可以说"课感"状态佳。小学数学教学的每节课指向数学模型,或规律、或计算法则、或运算律、或总量、或速度、或植树、或工程,怎样通过活动对话围绕数学模型开展教学,这需要有层次地推进。我们常常可以追问以下几个问题:是什么? 你确定吗(为什么)? 有什么用? 还可以怎么样? 以"积的变化规律"为例,我们可以重点引导学生探究"一个因数不变,另一个因数乘几,积就乘几"(提醒老师们,这里用词为乘几,不用"扩大"),经历观察、猜测、验证、结论、运用等几个过程得出结论,在验证的过程中关注举例样本的多样性,比如乘0、乘一位数、乘多位数,即举有代表性的例子。得出这一规律可以进行几道练习题练习,运用巩固性原则,及时巩固! 在熟练"一个因数不变,另一个因数乘几,积也乘几"及运用的算式中,换一个思考的角度,刚才是从上往下看乘几,那从下往上看呢? 得出"一个因数不变,另一个因数除以几,积就除以几"。你确定吗? 举例验证,依旧是考虑举例样本多样性,不可以除以0,能把这两个规律合并成一句话吗? 随即得出"积的变化规律"这一结论,再次深入应用,巩固规律的认识与掌握! 积的变化规律还可以怎么样? 能不能一个因数乘几,另一个因数也乘几,积会怎么变? 你有什么猜想? 你又会如何验证自己的猜想? 个人认为,举例策略在整个小学阶段应用广泛,可以说,越容易操作的策略运用性越广泛,比如举例、画图、假设等策略的应用。在规律学习中,能在头脑里想明白的给予肯定,把头脑里想明白的直观地讲给其他同学听的要加以鼓励,提供生生对话的机会。这一教学过程再一次地丰富了"积的变化规律"。好的课堂会给学生以期待、启迪与回味的! 一般地,我会在课结束的时候说:我们已经学习了一个因数不变,另一个因数变化,或者两个因数都变,积的变化规律。如果一个因数变化,另一个因数也变化,积又会怎样变化呢? 这为下一节课"积不变的规律"的选修埋下伏笔。

练在关键，精准作业

我们怎样关注孩子的作业？是不是我们常常感觉到多数孩子对待作业好像是完成学习任务，至于对错和本人没有关系，而仅仅和老师有关？有时候作业布置了，学生或是说我忘记写了，或是错误率高，或是书写龙飞凤舞，身为老师我们有什么好的策略呢？如果我们教师把作业当成是任务，那孩子一定也这么认为，任务是被动接受的，我们应该把它看作"学生的劳动"，劳动是需要主动承担独立思考的，而且学生的劳动是需要尊重的，尊重的主体既是孩子，需要精耕细作，尊重的主体又是我们老师，需要精批细改。试问一个大大的勾和一题一批，哪一种方法学生更喜欢接受？作业效果也需要变换花样的激励机制，正确率高我们可以用优秀予以肯定，书写整洁我们可以采用星级予以赏识，还可以额外有教师特别签字奖励，比如"牛，真牛，非常牛"等等，孩子们在"劳动"中开展集"牛"活动。最后，凡是孩子的"劳动成果"必须有反馈，布置必改，凡改必真，个别孩子优先面批。很多孩子看到错题就马上明白了，这时候角色翻转，让孩子讲给老师听。教师需要释放给孩子的信号是：我布置作业是认真的！

怎样科学地布置假期作业？面对教育的个性化需求，假期作业一刀切的时代已经过去。亲爱的老师们，全班一本作业本，全班作业都一样的作业您还在使用吗？今天，我们应该怎样布置假期作业呢？首先，假期作业应该具有趣味性，要激发孩子们的学习兴趣，可以选择阅读、幻想画、手抄报、数学日记或数学小论文的作业，形式多样，发挥孩子的个性特长，选用合适的作业形式；其次，假期作业要有生活味，学习需要联系生活实际，可以请孩子走进社区、菜场、银行、商场等场所，了解与学科有关的知识。陶行知说：生活即教育，这也表明要把平时的知识和实际生活联系起来，理论联系实际；再次，假期作业要有针对性，有的孩子可以侧重于练字，有的孩子可以侧重于进行数学阅读，拓展课外知识，有的孩子可以侧重于进行计算，提高计算的正确率和熟练度，还有的孩子可以进行自学，提高自学的能力；最后，假期作业要有实践性，假期提供给孩子们走进社会的时间，父母可以带孩子进行社会走访，尤其是家庭条件好的孩子可以到农村地区，看看他人的学习环境、困难、方式等等,看看锅盖下的食物,建立互帮互助的联系,多体验社会生活,承担力所能及的义务和责任。还可以了解当下的环境问题、社会诚信问题、社会习俗与变迁等问题,这都可以通过走访完成的。

遇到练习课,我们怎么办?练习课切忌上成了"炒剩饭"的课?课嚼多了,烂了,除了熟能生巧,还可能熟能生"厌"。练习课我们主要处理好四个关系:首先是"精"和"略"的关系,那些典型题、对后续学习有影响的练习需要精讲,一点就通的略讲,学生已经会的不讲;其次是处理好"前"和"后"的关系,练习课的知识点和前面的学习有什么联系,对即将学习的内容有什么帮助,做到瞻前顾后,但后面的知识不适合提前讲;再次是处理好"几何直观"和"头脑想象"的关系,这一轮课程改革特别提出"几何直观",就是借助图形来分析和解决问题,有的孩子可以在头脑中绘图,而有的孩子需要在纸上画图,无论哪一种方法,只要是能把数学信息用直观的图进行直观表达,借助直观分析和解决问题,都是好方法;最后是要处理好"独立思考"和"数学表达"的关系,数学课堂需要独立思考,唯有先独立思考才能更好地和他人进行数学表达,唯有先独立思考才能更好地发展学生的理性精神和创新意识,不人云亦云,也唯有先独立思考才能训练学生的逻辑判断能力。在处理好以上四种关系的同时,还要合理利用学生的错误资源,让学生在自身的错误资源中经历思辨、修正、提升等过程。

精准辅导,培养能力

每到期末复习时,有些老师采用"题海战术""紧盯战术",教学氛围和师生关系紧张,有的老师采用的是"评价方式",还列举了中国和日本一些考试评价形式的不同。比如中国很多是考查识记内容,而日本更多考查的是个人观点和见解的。比如历史学科,中国的题目:"中日甲午战争发生在哪一年?中日签订什么条约?赔款多少?"而日本的题目:"中日在历史上总共发生几次战争?请你预测一下,下一次中日战争在什么时候,为什么?"

我不知道题目是否真实,但如果属实的话那将是教育的危机,因为我们总是在教学过去,而日本着眼于未来。试想,战争输了、款项赔了,条约签了,哪一年发生的、赔款多少、签订什么条约等等死记硬背这些重要还是战争失败的分析原因教训总结重要?回到当下,我们的教育依旧存在越复习,学生成绩差距越大的情况,因此,在辅导过程中需要把握两个精准。

一是辅导内容的精准,是知识内容没有形成体系还是学习品质的培养还不到位?是审题习惯不佳还是知识点存在断层?是心理注意力问题还是学习兴趣问题?

二是辅导学生的精准,有时候老师有时间而学生却在忙于其他课程,有时候学生有时间但是老师没有。对于暂时后进的同学,确实需要辅导的"精准有效"。让需要辅导的孩子心悦诚服地接受,让有潜力的孩子多一些自主学习,分层练习、分层讲解,学生轻松,学习也有效。

高质量的倾听才会有高效率的合作。现在的课堂,我们发现学生大多数关注听老师讲,而同学之间的发言却很少关注。我常常表扬同学的一句话:"看,某某同学听得最认真!"在倾听的过程中,孩子的注意力、目光都集中在发言者的身上,一边听一边思考:我是否同意他的观点?如果同意,我为什么同意?如果质疑,我有没有更好的方法?在倾听中学会质疑,在质疑中学会合作。倾听的表象是用眼看、用嘴说,倾听的本质是用心思考,提出自己的观点和大家交流。在倾听的过程中同学之间互相提问、互相补充、共享想法。真正令我享受的一句话是下课时,孩子们的"老师,再给我们讲5分钟吧!"

除了"生生"之间的倾听,我们还需要注意"师生"之间的倾听,尤其是老师对学生发言内容的倾听,有时候问问自己:"你真的听懂孩子了吗?"我们常常要求学生注意倾听,但老师们有时却不注意认真听学生的发言。实际上,我们教师更需要身先垂范、身体力行,认真倾听学生的发言,质疑、追问、回顾、反思,角色互换,生生倾听、师生倾听,师生合作及生生合作才高效。

第二辑

小云会课

教育艺术，自然生长

柏拉图说："教育是为了以后的生活所进行的训练，它能使人变善，从而高尚地行动。"

杜威说，"教育即生活""教育即生长""教育即经验的重组和改造"。我认为，教育就是自然生长，数学教育就是让数学知识自然生长。

首先，基于知识的序，遵循自然。数学知识和方法的起源与发展是自然的。在教学中我们要关注数学知识和方法的背景、形成过程、应用以及它与其他知识和方法的联系，要把每堂课的知识和方法置于数学理论乃至人类文化的整个体系（关系和顺序）中，处理好局部知识和整体知识的关系，进而帮助学生理解数学的本质和价值，体会数学的思想和精神。

其次，基于认知的序，顺应自然。小学生的思维是由具体形象思维逐步向抽象逻辑思维过渡。在教学中，我们要从学生熟悉的日常生活情境出发，从简单到复杂，从具体到抽象，由扶到放再到收，以符合学生的认知顺序。特别地，要善于借助直观，如动作直观、图形直观等，组织学生开展实验、实践、操作、观察等活动，引导学生从中分析、判断、概括、运用，达到抽象水平，如文字抽象、符号抽象等，由此不断完善富有层次性的数学课。

最后，为了数学素养，自然生长。自然生长，就是要培养学生主动探索的意识，不得过且过，具有积极的好奇心理；培养学生独立思考的精神，不人云亦云，具有良好的质疑能力；培养学生大胆假设，小心求证的习惯，猜测、想象、推理、实证的能力以及发现、提出、分析、解决问题的能力，具有初步的理性精神以及实践和创新能力；培养学生有条理地表达自己想法的能力，以及良好的交流沟通能力。自然生长的智慧，突出表现在引导学生用数学的眼光去观察世界，用数学的思维分析世界，用数学的语言表达世界，尤其是"在别人看到一片混乱的地方看出与数学有关的规律"，"在千变万化中追寻不变的关系"。

有一种教育叫"自然生长"。在日常教学过程中，我们要关注知识的"生长点"和"延伸点"。"自然生长"注重学生的体验、感悟、操作、实验等学习过程，在过程中经历学科知识的发生、发展、形成过程。"自然生长"首先要遵循孩子心理认知的发展顺序,以小学数学学科为例,小学是由具体形象思维逐步向抽象逻辑思维逐步过渡的阶段,学生如果不能直观地理解数学知识,就需要借助画图、举例、假设、列表等策略,这些策略的价值在于提高学生能直观地、数学地思维的能力。"自然生长"其次要遵循知识结构的逻辑发展顺序。皮亚杰曾经说过,任何一个知识点,我都能在任何一个阶段向孩子进行教学,但一定要把握学科知识"循序渐进、螺旋上升"这一原则,即知识发展的顺序性,在小学数学学习阶段,数的认识、计算能力的培养、图形的认识、统计的教学等等都运用这一原则。知识"自然生长",最后要给予孩子充足的时间和空间,孩子在动手做、动口表达、动脑想,多重感官结合起来,提高对知识的理性认识。该孩子讲的老师不讲,不越位讲;该孩子操作的老师不替代,注重直接经验;该孩子交流讨论的老师不包办,培养理性精神和质疑精神。

专业课程,活动载体

有很多青年教师认为:学校活动会影响孩子们的学习,但我不这样认为。我们是需要能考高分的人还是需要综合能力强的人?综合能力强的孩子在一定程度上掌握知识、内化知识、运用知识的能力也较强。教育有时需要适度放手,时间上放手、空间上放手、学习方式放手,多一些引领,少一些时间的堆叠。有的老师怕学生出错,而我却恰恰相反,珍惜学生出错的机会,因为孩子的每一个错误资源又将成为他们的学习资源,正所谓:"错误乃正确之源。"我的孩子们遇到错误时,他们很自然地从"错在哪儿,为什么错,怎么改"这三个 W 想起,从错误走向正确!

学校文体活动会影响学生成绩吗?最近我们外国语学校利用课余时间排练"缘来泰外,唯心相交"跨年文艺汇演,很多家长、部分老师会担心,学科成绩能保证吗?一所学校,除了有高质量的教学质量,还必须具备高品质的教学特色,这都在学校课程文化这一大框架之下。试想,我们的孩子在文艺跨年活动中收获了什么?他们学会了和人交流,学会了小组合作,学会了欣赏美好的事物,学会了表达对话,反思自我言行,学会了组织行为的一致性,还学会了对美好时光的留恋……我想,这都是无字之书,是书本上没有而又不能通过我们老师生硬的大道理获取。通过活动课程,我们的孩子解决问题的能力提高了,他们学习的效率和方式都得到提高和转变,他们的情感更丰富了,他们对生活的那一份热爱溢于言表。我想,我们教育的目的之一是提高孩子将来的生命品质。如果一个孩子不会歌唱、跳舞、乐器、和人交流,没有自己的兴趣爱好,那他的生活是多么单一和乏味呀!我们开展活动的终极目的是将来他们能够自编自导自演跨年晚会,他们今后会感谢我们小学阶段的艺术启蒙教育。我们要培养的孩子是进得了课堂、上得了舞台、弹得起钢琴、说得了曲艺,成绩和能力齐飞的"小牛娃"!

信息社会,瞬息万变,如何在变化的世界里发展自己,秘籍在于"转变",唯有转变方能改变!作为老师,需要转变自己的理念。以前做老师和班主任,很少找到教学质量与各种活动的平衡点,总认为活动与教学是冲突矛盾关系。北大、清华、南大、东南等大学的招生办每到招生季节给我们学校写来感谢信:感谢我们学校给他们提供优质的生源,活动策划能力强、主持风格活泼、能唱会跳、社会实践好、动手等综合能力高,不是死读书的那一类。那一刻,我发现转变带来的甜头。通过活动,给孩子提供各种锻炼自己能力和张扬个性的舞台和平台,活学活用,这样的活动与教学融合互补,锻炼了学生,成就了老师,发展了师生。作为职员,需要转变干法。不是老板给你多少钱你则干多少事,看上去你一时轻松,实则耽误你自己,你将错失许多锻炼和成长的机会,事实一定是把事情先做好,老板才会给你压担子,提供适合你自己的更大的平台和更多的机会。作为家长,需要转变自己的家庭教育方式。一个弱势的家长有可能培养出强势的孩子,反之强势的家长只能培养出弱势的孩子。亲子关系在于"亲"的和谐关心,而不是"侵"的对立关心,家长应关心、欣赏、相信孩子,而不是怀疑、打骂、斥责孩子。作为社会人,我们应转变自身行为方式,多问问自己,我的行为是否让他人感到舒服? 三省吾身,自省为学、为人等方面的不足与优势……我们慢慢转变,由量变引起质变!

教育不仅要赢在今天,更要赢在明天。这句话是我和儿子谦谦交流说出的一句话,背后也有一个小故事:有一天接谦谦回家住,当天晚上他看书看得很晚,也许是拖延症,也许是书的吸引力太强,总之那天晚上很晚入睡,第二天正好是英语听力与口试模拟。后来班主任打电话说是不是不知道模拟测试,到班级比较匆忙,模拟成绩也不太乐观。因为时间安排不科学,看上去第一天看书很晚有收获,可直接或间接影响了第二天的学习精神状态。真是"赢了今天,输了明天"。从个人习惯衍生到学校办学,最近网上有一张高三学生用完的笔芯包装,排成长长一排,甚是震撼。有的学校提前录取高中,延长高中年限,也就延长了应试时限,是不是会对孩子的学习能力、学习兴趣带来破坏性打击,是不是"赢了今天,输了明天"? 再延伸到学科教学,我们既要遵循教育规律,又要遵循知识与能力自然生长的规律,既要赢得今天,更要赢得明天。以数学学科为例,我们需要关注学生的数学阅读能力、建构模型能力、回顾反思能力。最近在教学"因数和倍数"的知识与整理的过程中,我们展示了学生整理好的表格式整理法、网络图、摘录式整理法以及思维导图法,学生感悟各种整理方法的优点与不足,教学之后再完善各自的整理结果,展览交流整理成果,让孩子们体会学习贵在得法的重要性。

有什么样的儿童观,就有什么样的教育观。如果我们老师把儿童视为接受者,那教育就是始于灌输;如果我们把儿童视为探索者,那教育就始于唤醒;如果

我们把儿童视为发现者,那教育始于自然生长;如果把儿童视为生命个体,教育始于尊重交往……某天晚上和学生们一起阅读小学数学《时代学习报》,每期的拓展训练我们必定讨论研究。有一道这样的拓展题:"一个分数,如果把它的分子加上一个数,约分后等于$\frac{2}{3}$;如果把它的分子减去一个相同的数,约分后等于$\frac{5}{12}$,原来的这个分数是多少?"这题我是请学生周末带回家思考然后让孩子们在班级汇报,汇报的要求只有一个:让全班同学都能听懂你的发言。第一位发言的是小钱同学,他用的是列举方法,把等于$\frac{2}{3}$的分数多写几个,把等于$\frac{5}{12}$的分数也多写几个,因为只是分子变化了,分母没有变化,最后发现有分母相同的只有$\frac{16}{24}$和$\frac{10}{24}$,加上的分数单位个数和减去的分数单位个数相同,6÷2=3,即加上或减去的数是3,原来的分数就是$\frac{13}{24}$。其他同学在小钱的启发下,推断出分母一定有因数3和12,而且约分后是$\frac{5}{12}$,分母一定比12大,所以我们列举的范围可以减少许多。这时候小俞同学说可以画图,先画一条线段表示原来分数,分子加上一个数加的是分数单位,往右画一段。同样的道理第二次分子减去一个数就是把第二条线段往左画,多出的和减少的可以移多补少,$\frac{2}{3}+\frac{5}{12}=\frac{26}{24}$,就是两个原来的分数,平均分成两份就是$\frac{13}{24}$,思维真是缜密出彩!还有的同学想到列方程但是解不出来,也没有关系,在思考的过程中他们认真思考过数量关系……在教学过程中,我们有时一题一得甚至可以一题多得,学生感悟到"列举,画图,方程"等方法策略的价值。教育始于尊重,有时我们常说,孩子,你知道了,能不能憋着不说,给予别人思考的时间和空间,给别人一些机会。其实我们老师也需要明白,我们也需要学着"憋着不说,把时间和空间交给孩子",学生的表达会更出彩!

教育,既要赢得今天,更要赢得明天。

以生为本,关注未来

作为老师,您有勇气尝试上"裸课"吗?一支粉笔加一块黑板,简单的是形式,不简单的是孩子们的思维!当下大多数课堂,PPT 一张接着一张,让孩子目不暇接,老师们忙于点着鼠标,孩子们忙于笔走神飞,更可怕的是这样的课堂被贴上"高效课堂"的标签,课堂高效的标准是什么?是练习量的多少?是老师的启发式教学还是学生通过思考获得的思维提升?课堂的精彩不是老师的讲授,而在于学生的思维!

好的教育是注重开放和融合的。从个人层面来说,需要打开个人的心胸与格局,需要打开自己的教室与课堂,让全校的同仁走近(进)他的课堂;从学校层面来说,教育管理者需要开放自己的学校校园,迎四方来宾,纳八方资源,通过各项活动推进学校的规范化管理,在推进规范化管理的过程中提升学校老师和学生的各种素养,即使是嘉宾提出建议,对孩子、老师和学校也是有利的。2015 年元旦假期三天,我们举行了三场大型活动,"缘来泰外,唯心相交""逐梦凡•高"以及教师招聘,每一场活动全体同仁都精心准备。我们举办活动的根本原因是:打开课堂、打开教室、打开校园、打开心胸与格局。我惊叹于我们孩子的艺术细胞是如此得活跃,借用台湾著名画家、张大千弟子杨松寿教授的一句话:"泰州第一外国语学校的孩子真的了不起、真的不一样、真的不简单!"我惊叹于我们全体师生在一个月不到的时间,利用课余自导自演一台高大上的跨年晚会,真的了不起;我更惊叹于在这次活动中我们的老师和学生都获得了成长,而这种成长不是渐进式的,而是跨越式的!一节课、一个角色、一首歌曲、一段舞蹈……就可能发现了教育家、演艺家、歌唱家、舞蹈家……即使教育的目的不在于培养什么家,但是最起码也能培养孩子们热爱生活与生命的积极情感。明白了为什么要打开,我们还需要去思考打开什么,怎么样去打开?

适合孩子的教育才是好的教育,适合孩子的教育不是把孩子当做堆叠知识的仓库,而是把心灯点亮!好的数学课有以下五个特质:生本、生成、生长、生活和生命。首先,以生为本。我们反思过自身的教育行为吗?是否尊重每一位学

生,尊重他的学习方式、个体差异、心理认知水平？是否在授课过程中目标定位面向全体,分层推进,每一位孩子享受课堂,参与学习？其次,生成课堂。我们眼里是按照拍影视剧那样跟着教案走,还是随着学生的质疑促成教学的生成？我们需要处理预设和生成的关系。再次,生长课堂。每次购买新书,我总以"让知识自然生长"提醒自己,教学是师生"生长"的过程,它需要遵循教育规律和认知规律。第四,生活课堂。数学学习不是为了解题,解题能力强不代表数学素养高,数学学习在于用数学的思维去发现、提出、分析和解决生活中的问题,一句话就是"数眼看世界"的能力。最近阅读苏教版四年级下册数学书,课本的第7页和第16页两次涉及"服用药物"的问题,我真心佩服编者的良苦用心！最后,生命课堂。尊重生命、敬畏生命,让孩子带着期待而来,带着回味、收获去期待未来的数学课堂,这需要我们教育人研读教材、学生,潜心育人,润人润心。

　　教育人就是以爱育爱的精神使者。最近学校在进行军训和幼小衔接,我们的教师以及后勤团队都扮演着爱心天使的角色,践行着"教育的本质就是爱"。在餐厅里,你随处可见老师们手把手教孩子排队就餐,倡导光盘,整理餐盘,渗透规则意识;在宿舍里,给孩子示范整理衣物、洗漱就寝,遇到哭闹的孩子又成为孩子们的临时妈妈;在教室里,引导孩子认识好朋友,帮助他们养成良好的握笔习惯、阅读习惯、思考习惯……在操场上,带领孩子进行体育锻炼,认识我们的校园,记录孩子们的欢声笑语……孩子们深深感受到我们团队对他们浓浓的爱。

尊重学生,面向全体

您的课堂里有"边缘人"吗?我们常说教育源于尊重,教育应面向全体,可是,老师们,您是否发现在您的课堂里存在"边缘人"呢?"边缘人"指的是课堂中经常游离于教学之外的人,他们自娱自乐,老师和学生的注意力基本不会在他们身上,属于不受关注的那一些学生。亲爱的老师们,假如我们换位思考,如果您是一位家长,您的孩子被边缘化,您还会淡定吗?我们常说,让能走 5 步的孩子尽量走到 8 步,让能走 3 步的孩子完成 5 步,而这 5 步则是我们教学的底线。教育因尊重每一个生命的平等而神圣,教育的神圣是不能被我们老师漠视的!

如何看待"个体差异"?曾记得我刚刚开始学开车时,总是被教练唠叨责怪,"你的驾驶理论怎么看也不像是 100 分嘛,这么简单的操作你都不会!"满是讽刺和不屑,我还和教练理论:"你不知道个体差异吗?"刚开始每一个人学习开车都可能出现手脚配合不到位的情况,而教练则站在非常熟练的上帝视角评价学员的驾驶技能。在现实教学中,我们有的老师也会扮演"驾校教练"的角色,忽略了学生之间的个体差异。认识到个体差异,适时采用"延时评价",这个星期达不到我们的教学预期,我们可以下个星期达到,关注到个体差异,不能扩大个体之间的差异,每个人都有各自所擅长的领域,教育的本质就在于唤醒和激发孩子的潜在能力,在看到差异的同时要让孩子看到自己的优势。从横向角度承认孩子之间的个体差异,但我们还要换一个纵向角度看,今天比昨天进步,明天会更好,那我们也要认为孩子是优秀的,正所谓:进步就是优秀!

作为一名老师要有使命感,拥有教育情怀和育人激情。教师的 8 小时之外应更多思考我们当下的教育是什么,如何处理面向全体和兼顾个体的关系,如何把自己的教育理想、理念和理性思考变为现实,始终把学生放在第一位,为学生的成长搭建更多的平台,给予学生无限成长的可能。曾记得一位资深校长说过:教师与教师之间,教师与管理层之间,教师与校长之间的关系越简单越好!细想想有很多道理,宣传报道文章、校园文化等更多应该体现集体智慧而不是在某些事情上取悦领导打上个人的烙印。有时想起家里的老母亲在家种地,把握农时、

精心管理、用心施肥，收获后为了能卖一个好价钱，冬天凌晨五点左右起床挑到五里开外的集市上售卖。母亲种菜和我教书有相同之处：把握农时就是需要我们把握教育教学的育人规律，精心管理需要我们研究学生、教材、教法……用心施肥在于面向每一个个体进行因材施教、尊重生命。作为老师我们更需要勤于思考、不断反思，有时候觉得，像农民种地那样做老师，是一件极其幸福的事！

　　教育需要包容心。很庆幸家里有两位优秀的女性，其中一位是我的母亲。我小时候非常淘气，比如，先向村里老奶奶问好，随后问，"老奶奶您什么时候去世呀？"放牛时为了看《西游记》，自家牛把别人家水稻吃了。晚自习放学回家掰邻居家黄瓜吃。我母亲总是说服教育，以理服人，永远相信我是一个好孩子，将来定能长大成人。另一位就是我的爱人，小孩不管有多不听话，周末玩游戏、睡懒觉，她依旧相信孩子一定能成人成才。和她形成鲜明对比的是，我希望孩子多看看书，多进行过渡学习。想想自己小时候也有为了多看几集电视剧、多睡几分钟懒觉，急急忙忙做家务的情况，那时妈妈肯定知道我的小心思但没有说破，我想这就是包容。对于孩子的优缺点，我们应该以包容的心态，以发展的视角审视孩子。我很认可这句话："缺点不说慢慢少，优点越说不得了。"教育也需要多一些"正强化"！从我家谦谦的变化进步来看，更能体会到其间的教育真谛。回到学校教育，教师要包容每一个孩子的优势与不足，要包容孩子与孩子之间的个体差异，要包容孩子不同的学习方式与相处方式。在包容的同时进行方法指点，教育就是在包容的时间与空间中潜移默化、润物无声。

　　教学始于需求。很多时候数学知识是我们老师一厢情愿给予孩子的，哪怕是通过组织"自主、合作、探究"等活动学生获得的知识，也可能是我们老师主导要求孩子进行动手操作的，我们是否想过孩子的学习需求？从需求入手，激发学生的学习欲望，"不愤不悱"。在教学"用数对确定位置"这一内容，第一次激发学生学习需求在于从"用自己的方法确定位置"到"用列和行的方法确定位置"，用自己的方法确定位置在于参照物各不一样，也就是标准不一样导致交流不方便，由此产生学习需要；第二次学习需求在于从"用列和行的方法确定位置"到"用数对确定位置"，我该怎么激发学生的学习需求，我还需要进一步地思考；第三次激发学习需求在课后，确定直线上点的位置，我们只需要一个数即可，确定平面上点的位置，我们则需要两个数（一组数对），确定三维空间点的位置，我们需要几个数呢？激发学生的认知冲突。教学是一门遗憾的艺术，也是始于学生需求的艺术。

　　孩子是天生的创造者！在教学"小数乘小数"时，在探索 3.8×3.2 的计算方法时,我们从估算开始,为确定积的小数点的位置进行铺垫,有同学说大估 $4\times 4=16$,它的结果比 16 小,有同学说小估 $3\times 3=9$,它的结果比 9 大,还有的同学近似估:$4\times 3=12$,$3.8\times 3=11.4$,$4\times 3.2=12.8$……它的结果接近 12,为孩子的创新思维点赞!在自主探索列竖式计算时,有把单位米转换成分米的,然后把平方分米还原成平方米;有运用积的变化规律。最让我没有想到的是有同学把算式转化成 0.38×32,38×0.32 变成了前面所学的小数乘整数,产生积的小数位数和因数的小数总位数相同的感觉,孩子们的转化意识,让我很吃惊!

  很多学生喜欢一门学科,通常是因为他们的学科老师,学生讨厌一门学科,也可能是因为他们的学科老师,还可能因为学科老师引起讨厌这门学科,最后演变为任何老师来教他这门学科都提不起兴趣!这里学科不仅仅包括数学,其他学科也是一样的道理。最近一段时间我很享受"打酱油"的代课老师角色,和孩子们在一起学习数学,感觉自己年轻了许多,他们总会围绕着我问许多有趣的问题,中低年级孩子的童真、童趣、求知欲与探索欲都非常强烈。可能他们喜欢我代课的原因是我的作业很少,不是一般得少。他们的课堂表现给了我许多新的思考,一定程度上他们也是我的老师。课堂上我们需要抓住 40 分钟,理想的数学课程是根据孩子的学习需求设计教学流程,经历知识的形成过程,体验数学知识的应用价值,把提高学生用数学的数学意识作为落脚点。在常态课堂中,我们应力求关注知识的生长点和延伸点,过去学习了什么,将来有什么用,现在教学如何与过去和将来建立联系,我们如何在教学过程中发展学生用数学的眼睛观察周围的世界。在这里,我很赞成福建罗鸣亮老师的教学理念:"做一个讲道理的数学教师。"课堂 40 分钟的高效不在于练习的数量,而在于练习的质量;高效的课堂不仅要关注课堂教学的实效,更需关注课堂教学的长效;学生的学习不仅仅停留在知道是什么,更应该知道为什么,还可以怎么样?我们教育工作者不仅仅应该关注知识与能力,还应该关注离开学校之后他们能够带的走的能力是什么。

抓住两头,科学备课

备课时我们要深入研究教材,把握教材真实的编写意图。俗话说得好:"看得见的是表象,看不见的是本质。"数学教学中的题组练习尤其要把握对比题的运用,学生多表达,教师少讲授,我们的练习也就能提高学生的反思能力。深入研究教材之后,要借助孩子容易理解的方法建构知识模型,可以运用画图、列表、举例等方法。教师只有深入浅出、深度思考,我们孩子的数学思维才能看得见!

俗话说得好:"要给学生一杯水,老师要有长流水。"这"长流水"其中包含的内容就有我们所教学科的上位知识,上位知识是什么?上位知识不仅是我们教学知识点的源头,还是知识发生、发展、形成的过程以及我们孩子通过学习这一知识点对今后学习的价值。我们老师补充上位知识的最好办法是学习学科史,比如数学史、文学史、音乐史。把学科历史、学科有趣的故事融入我们的教学,如数学史与数学教育、文学史与语言教育、艺术史与艺术教育、体育史与体育教育等等。运用上位知识指导我们教学的做法是在备课设计过程中多问自己几个问题:我所教的知识是什么?为什么是这样的?有什么用?还可以怎么样?

教学设计时您考虑过孩子的需求吗?马斯洛把人的需求从低到高分为生理需求、安全需求、归属和爱的需求、尊重需求和自我实现的需求。联系我们中国人的开门七件事"柴、米、油、盐、酱、醋、茶",道出了先温饱再品质直至精致的生活需求。那么问题来了,作为老师,我们在进行教学预案时考虑了孩子的学习需求吗?作为学生,我为什么要学习这个知识,这个知识点的价值在哪里?比如我们在教学"解决问题的策略"时,可以从学生的学习需求切入,策略的价值在哪里,让学生多感悟、多体验解决问题的策略;再比如在教学"用数对确定位置"时,我们要善于激发学生的认知冲突,产生学习需求,感悟数形结合思想;还比如教学估算,设计时要体现估算的价值,在不需要精确结果的情况下快速得到与它接近的结果,尝试运用不同的估算方法得到估算结果,感悟估算的价值,在学习需求的驱动下提高估算的意识。

作为一名小学数学教师,我们需要理解教材的编写意图,智慧地解读教材。

1. 例题背后有目标。

每一道例题背后都隐藏着教学目标,既有显性目标,又有隐性目标。以小学数学苏教版四年级上册第一单元"认识升"为例,教材有两个例题,例题1的显性目标是学生认识容器、容量以及容量大小;例题2的显性目标是建立1升的表象和认识几升。而两个例题背后的隐性目标是空间观念的建立。在小学阶段,最难理解的就是时间概念和空间观念的建立,尤其是抽象的空间观念,这需要孩子经历观察、想象、操作等过程。

2. 例题之间有联系。

每一个课时的几个例题有密切的联系,由浅入深、由易到难、螺旋上升。以苏教版四年级上册第二单元第一课时"平行四边形的面积"为例,例题1起铺垫的作用,运用方格纸,点拨孩子把不规则图形转化成规则图形,面积不变,起到渗透"转化思想"的作用。例题2起承上启下作用,还是借助方格纸,出示其中一个平行四边形,启发学生思考:"这个平行四边形能否转化成我们学过的长方形?"数学是注重推理的,一个平行四边形能够转化成长方形说服力不强,是不是求所有的平行四边形的面积都能转化成求长方形的面积呢?由此引出例题3。例题3是本节课的重点和难点,师生经历平行四边形面积公式的推导。

3. 把握本质出思想。

在解读教材中,我们更需要把握数学本质,渗透数学思想。以苏教版一年级上册"数一数"为例,看似不经意的数数,其实隐含着"一一对应"思想,一个物体用一个圆点表示,一个圆点表示一个物体。这是远古人认数的一个必经过程。数数的过程建立并发展学生的数感,数数的过程经历数学的发展历史,古代人对1、2、多的建立,借助手脚帮助计数,书本的图例都有数学历史和数学文化的影子。

有的时候读教材看似明白了,实则不明白,看似理解教材层次了,实则当局者迷,只缘身在"教材"中!就比如前几天和组里青年教师磨苏教版二年级上册"平均分",磨课之前我就有这么一个困惑:为什么教材先出示"包含分",即每几个一份,有几份,然后再教学"平均分"。虽然现行教材统一为"平均分"了,但我以前一直认为学生容易理解"平均分":可以先一个一个地分,第一轮没有分完继续一个一个地分,直到分完为止,或者几个几个地分,分完为止,不管是怎样分发,结果应为"同样多"!在磨课的过程中,我尊重教材编写程序给青年教师解读教材,但是我还是有一些困惑。直到本周四听了徐特的解读才明白这样编写的妙处:教材从"分"引出"等分",即"平均分";从"等分"引出"每人2个,即每2个一份",教材例题的联系就是这样奇妙！领悟教材重在品读,可以"每册内容"为标准,梳理教材例题与内容的联系以及例题背后的目标、联系与编排意图。还必须以"知识领域"为标准进行梳理,"数与代数"先教什么,后教什么,联系是什么……

老师在备课过程中,站点要高,透过教材把握数学本质,感悟数学思想,既要深入,又须浅出。比如教学"圆的周长"这一内容,充分利用一次观察、两次推理和三次测量,渗透推理、区间和转化等数学思想。在明确了什么是圆的周长之后,出示三个大小不同的圆,问圆的周长和什么有关？既有观察猜想,也有合情推理。得出圆的周长和直径(半径)有关,那到底有什么样的关系呢？继续出示正方形中最大的圆(方中圆),说实在话,这个例题编写得实在是好！继续观察,从图中你知道了什么？学生回答道正方形的边长等于圆的直径,正方形的周长就是直径的4倍。继续观察,是正方形的周长大还是圆的周长大？为什么？把方中圆的四个角分别看做一个个三角形,发现圆的周长比正方形的周长小,所以圆的周长不到直径的4倍,完成第一次推理;继续在圆内画出内接正六边形,细致观察,你又能发现什么？正六边形分割成6个等边三角形,等边三角形的边长是圆的半径,正六边形的周长是相当于6条半径的长,也就是直径的3倍。学生继续比较圆的周长和它的内接正六边形的周长谁更大？根据两点之间的距离直线段最短,可以推出圆的周长比正六边形的周长长,发现圆的周长是它直径的3倍多一些,完成第二次推理。两次推理可以发现圆的周长是直径的3倍多一些,4倍少一些,渗透区间思想。数学是逐步走向精确的,从圆的周长和直径有关到他们的关系是比3倍多,比4倍少,最后到底是怎样的关系,这就需要进一步去度量,这时可以启发学生通过滚、绕等方法化曲为直,计算周长和直径的倍比关系,需要提醒的是,学生的计算结果不一定要3.1多,测量产生误差很正常。只要感觉到3倍多一些就达到我们的教学目的,随着数学文化的介绍,直线推进得出"圆的周长是直径的π倍"。

教学的创新在于比教材更进一步！当下,各行各业都在提倡创新,教育也是如此。每一节课,我们不可能每一个板块都需要创新,但过程中至少需要有一点点创新,哪怕是借助孩子的错误性资源,教学也可能"因错得福"！教学的创新可以从解读教材和实践教学两个维度进行,每一个教师需有自我解读教材的能力,对于每一个教学内容需要知道它的"昨天、今天和明天"。昨天孩子们学习到什么程度,知识的生长点在哪里？现在我要教学到什么程度？我要带领孩子们到哪里去？这个知识点对今后的学习有什么用？知识的"前世今生"是什么？它是怎样发展的？在创新理解教材的基础上进行教学实践的创新,比教材更深一步!这里的深一步不是难度,而是数学思维的广度和深度。比如"用数对确定位置"这一节课,学生需要明白确定位置需要选择一个标准,这个标准就是参照物,确定直线上点的位置,参照物就是一个点;确定平面上点的位置,参照物就是一列或一排;确定空间中点的位置,参照物就可以是一个面……标准有了,就需要确定从哪里数起,就是我们所说的"方向",最后确定数了几次,即我们所说的"距离",从一维到二维再到三维,这就是我们确定位置的前世今生。这节课的深度在于学生认识用数对对物体的位置进行量化表达,而量化表达的数学本质就是第几列和第几行的相交点,运用简单的一对数简洁明了地表示物体的位置。教学的背后,学生还需要感悟数对背后的数学思想。一个数对只能表示一个物体,一个物体也只能用一个数对表示,即数对和物体是一一对应的关系;其二是有了数对,我们才能更好地研究图形,有了数对,我们就可以把数和图形结合起来,即数形结合思想;几个数对,我们可以初步感悟到物体左右前后的大致距离,虽然课中让学生有所感悟,但还需要强化,充分发展孩子们的空间观念,为孩子们第三学段学习平面直角坐标系打下伏笔。我们研读教材,要比教材更深一步,即是我们创新教学的起点!

  小学数学备课思考也需深刻!小学数学知识,有时我们看上去非常简单,但教学起来却不容易,如何把简单的内容上得有新意,让学生喜欢,应该是我们每一位老师需要思考的问题。最近上了一节三年级上册"整十、整百数乘一位数的口算和估算"这一课,借用二年级的孩子班级,上课过程中对教材、学生、学法和教法又有了新的思考。很多教材是把口算和估算分开,作为两个课时进行教学的,比如浙教版、人教版。以前的苏教版也是口算作为一个课时,估算是后来新增加的内容,为什么这么安排？可能考虑到口算算法难度不大,需要强化估算意识,提高估算能力。我个人认为把两个内容合并起来最重要的还是强化口算和估算的联系,不人为地把它们割裂开来,即口算是估算的基础,估算需要借助口算的外衣,算法达成问题解决。回归课题教学,这个教学内容又十分关键,如果口算不扎实,会影响到估算,估算不好则会影响三位数除以两位数的试商和调商,疏忽不得!怎么样使本课教学让学生有更深刻的理解,教学实际我采用了四个策略:

  1. 借助操作优化算法。

  在口算 20 乘 3 的教学中,借助操作小棒得出三种口算方法:变成加法、数的意义、口诀推算,再比较你喜欢哪一种方法,为什么？把怎么算和为什么这样算的道理表达清楚,同时沟通数的意义和口诀推算的本质。2个十×3=6个十,与2×3=6本质上是一致的。

2. 通过对比沟通估算方法。

全课创设孙悟空西天取经路上购买水蜜桃这一大情境,水蜜桃每盒48元,200元够不够买4盒?随着天气越来越热,水蜜桃涨价了,现在每盒62元,300元够不够买5盒?两种估算方法不同的是一个是"往大估",另一个是"往小估",相同的是把价钱看做和它接近的整十数,再用口算的方法计算结果最后进行比较。

3. 借助数轴比较估算和实际结果的大小。

很多孩子在解决够不够的问题中,不知道怎样进行比较估算结果和实际结果。课堂上我借助数轴,比如说我们把48看做50,那么48乘4的结果比50乘4的结果要小,我估大了钱都够,那实际上一定够。同样的我们把62看做60,62乘5一定比60乘5要大,我估小了都不够,那实际上就一定不够。借助数轴,发挥几何直观,一目了然。

4. 借助想象建立模型思想。

看到2×3=6,你能想到哪些算式?200×3,2000×3,2×30,2×300等等,还是( )×( )=1200,或者是( )×( )接近1200,他们都是借助几乘几推算出几十、几百乘几、几十、几百多一些或少一些乘几。课堂上出彩的是孩子,在估算过程中有的孩子开始坚持精确计算,甚至写出了300除以6的算式,学着学着他们就感悟到估算的效率与价值。当然,还有一个地方我们需要注意,课堂中出现口诀问题,比如6×7=(13),9×9=(18)的问题,可能是最近一直学习加减法,也可能是我们老师把两个数相加时的简洁表达。课堂现场给了我很多思考,学生教会了我许多。计算教学,我们需要关注"怎么算?为什么这么算?有什么用?还可以怎样算?"等几个核心问题。

关注阅读，提升素养

数学需要阅读吗？今天在家长开放日执教了一节《小学生数学报》报刊阅读课，一次值得思考的探索与尝试。很多老师认为只有语文学科需要阅读，但是我个人认为数学学科同样需要数学阅读，在阅读中培育学生收集信息和处理信息的能力，提高分析问题和解决问题的能力。课堂中我们的孩子围绕"阅读报刊有什么用""如何进行读报""我们的《小数报》怎么样"这三个问题一一展开。孩子在阅读过程中，一要处理好泛读和精读的关系，二要处理好基础知识与思维拓展的关系，三要处理好课堂教学与课外阅读的衔接。教师在教学中应该具备大视野、大数学的教学观，把数学与生活、数学与历史、数学与人文、数学与体育等有机结合，而这些有机结合正需要借助数学阅读这一有效途径。老师不应成为"教会"孩子解题的人梯，而应该成为"教慧"孩子的火种，为孩子推开一扇扇思维的窗口。令我欣慰的是孩子们学习理念的转变，从"数学需要阅读吗"变成了"数学需要阅读"，孩子的认识都改变了，我们的老师呢？

教学理念改变，课程随即改变，师生随即成长！有的老师上课为什么不敢放手？不轻易采用合作的、探究的、交流的、讨论的课堂模式，一定程度上源于陈旧的教学理念。课堂上只有适度、适时、适切地放手，倾听孩子的表达、情感、态度，让孩子经历合作、探究、交流和讨论的过程。在数学课上，我们师生可以一起读报，一起演讲，一起撰写数学日记或数学小论文，一起画数学……在开发数学课程的过程中，师生的知识、能力，用数学、创造数学和数学情感都获得了提升。理念与时更新，课程改变，学校也就慢慢改变！

教育不是把篮子装满，而是把灯点亮。和组内老师一起学习课程标准，数学是研究数量关系和空间形式的科学。给出这一定义的是哲学大家恩格斯，他在研究剩余价值论的过程中，在《反杜林论》这一著作中进行数学定义。令人深思的问题是，我们引用的数学定义不是有影响力的数学家或数学教育家所表述的，而是一位研究社会主义理论，为了寻找剩余价值，中途学习数学最终对数学做出定义的伟大思想者。做老师20多年，有时问问自己，到底怎样上好一节数学课？

今天再读课程标准似乎找到一些答案：面向全体，眼中有人，心中有生；关注个体，即关注孩子的个体差异，有快有慢、有高有低。也要关注孩子的学习风格，有方有圆、有张有弛；分层教学，吃饱吃好营养的数学食粮；最后就是有数学味。今天和顾老师交流到书本上的例题表格，也给我上了生动一课，教学素材的选择与教学情境的作用，如何像吴正宪老师所说的那样，让数学"好吃又有营养"。

一年一度华杯赛的开幕式上，我对孩子最想说的三句话是：数学好玩，玩好数学，好玩数学！2002 年，世界数学家大会在中国举办，陈省身老师给孩子们题词"数学好玩"。德国数学家高斯说过"数学是科学的王后"，国际象棋中最厉害的棋子就是王后，她可以直走、横走、斜走，而且步数不限，可见数学在自然科学中扮演重要角色。还有人说"数论是数学的王冠，哥德巴赫猜想是王冠上的明珠"，我国数学家陈景润老师痴迷研究它，证明了"任何一个足够大的偶数可以表示一个素数和不超过两个素数之积的和"。回文数、黑洞数、探索规律、数学实验、数学历史故事、数学与民俗、数学与建筑、数学与美学等等，都体现了数学好玩，数学是有趣的！数学对我们的生活处处有用，数学家华罗庚说："宇宙之大、粒子之微、火箭之速、化工之巧、地球之变、日用之繁，无处不用数学！"用数学，我们要玩好数学，生活中学校、医院、养老院的建设，红绿灯的设置，高速路的车距确认，刹车的安全距离都需要运用"运筹学"，生活中的统筹与优化同样需要我们玩好数学，数学是有用的！好玩数学是我们需要用数学的眼光观察客观世界，用数学的思维思考客观世界，用数学的语言表达客观世界，用数学的意识发现、提出、分析和解决问题，爱好数学，数学成为我们日常生活的一部分。无理数的发现、微积分的合理性、罗素悖论是数学发展进程中的三次危机，有人为坚持真理献出宝贵生命，他们的理性精神令人敬仰，常人看到数学的表象，而他们却看到数学的本质！也许，下一个高斯、陈省身、陈景润、华罗庚就是你！

启发交流，培养理性

你真的会和孩子交流吗？很多教师觉得小孩小，觉得他们很多想法自己都明白。在很多课堂上，我们经常听到学生回答一个问题时，很多孩子没有互动甚至还没有完全理解，我们有的老师总是出来打圆场：其实你的方法老师听懂了，大家也都懂了。试问：孩子的想法你真的听懂了吗？教学设计之前，我们是否站在孩子能够理解的角度思考问题，只有站在孩子的角度进行思考，师生之间交流的信息才能对称，一定程度上可以把自己当成小孩来思考问题，老师的"教"和学生的"学"信息才能对称。数学是可以用来"阅读＋演讲"的。阅读是输入，演讲是输出，孩子在阅读中独立思考、积累知识经验，在演讲中提取经验、训练思维，在表达中交流不同的想法，同时也提高了孩子的质疑能力和理性精神。当我们听到孩子不一样的声音时，我们要多问问自己，我真得懂孩子的想法吗？

在平时的课堂中，多问问学生"你是怎样想的"，不问"你是怎样做的"。虽然只是一个字之差，但折射出不同的教育理念。"想"字，更多的独立思考、动手操作、自主探索，能够体验到思考成功的快乐！"做"字，更多的是被动学习、缺失主动、简单机械重复，很难感受到学习的乐趣！总觉得我有很多作业还需要完成。一字之变，给孩子的心理暗示是：学习是需要我们独立思考、深入思考、深度学习、追本溯源，体验学习过程给我们带来的欢乐，把通过思考获得的发现分享给大家，这就是思考的魅力所在。

有一句古话说得好："活到老，学到老。"我曾多次在教师会议上和同事们交流，"外事不决问谷歌，内事不决问百度"，说的是我们成人遇到自己不懂的事情时如何去搜集信息、做出决策、解决问题。在实际教学中，是教会学生做题重要，还是教会孩子收集整理已有信息、合理运用策略、灵活解决问题更重要？相信我们都懂得是"授人以渔"更智慧一些吧！作为一名老师，我们应教给孩子的是知识、能力还是思想方法？举个例子，对于同样一个或几个教学知识点，如果我们以教给孩子能力的视角，可以依据教学参考用书，以知识模块组织教学；如果我们站在教给孩子知识的视角，我们可以两课时合并一课时，重视结果轻过程，重视间接经验轻参与行为操作等直接经验,运用题海战术却打着见多识广、熟能生巧的理由;如果我们站在渗透感悟思想方法的角度,让学生重走数学家、文学家、艺术家的发现之路、创造之路、探索之路,经历学科知识的"再创造",学生对学习的感悟可能是另一番体验或回味!

作为老师的我们,是否有时会发现,刚刚入职时我们觉得自己非常懂孩子,随着教学经验的叠加,有时候却发现我们不懂我们的孩子,原因在于我们需要多角度地解读孩子!有时候我们要从学习的主体意识角度解读孩子,比如,现在很多专家指出课外阅读的重要性,或是简单地要求孩子拿一本书阅读,或是我们和孩子一起读这本书,提供交流阅读体会的时间和机会,借鉴其他同学好的读书方法,哪一种阅读的效益更好?有时候我们要从教育学及心理学的角度解读孩子;再如,在阅读的过程中,我们是否注重孩子学习品质的培养?有时孩子对学习自我要求比较低,是外在的力量要求他学习。经常也听到家长说自己的孩子比较粗心,学习用品丢三落四……我个人认为,小时候学习的粗心其实是态度的不严谨,学习习惯会影响到今后的工作习惯,这就极度需要培养孩子的学习品质。什么是品质?品质是行为所表现出来的思想、认识、品性的本质,包含工作品质、学习品质等。学习品质是优秀学习习惯逐步培养形成的,学习品质的培养要贯穿于教学过程的始终。有时候我们还要从人性的角度解读孩子,教会孩子正确理解与人为善和责任担当,理解良性竞争与有效合作的关系、学习人文与知识运用的关系、社会实践与拓展学习环境的关系,提升自我生存、终生学习与自我实现的能力……

很庆幸自己是一位小学数学教师,常常叩问自己:小学数学是什么?首先它姓"小",就是要站在小学生的视角开展教学,从具象到抽象、从特殊到一般、由浅入深、循序渐进。孩子会的不讲;通过点拨孩子会的,采用启发式,教师少讲;教师无论怎么讲孩子都不会的就不讲。小讨论里有大学问、小知识里有大文章,让孩子像数学家那样去研究数学。其次它姓"数",数学课堂需要浓郁的数学味,富有理性精神和批判精神,好的数学课会引发学生的数学思考,指向"是什么""为什么""有什么用""还能怎么样"等数学本质性问题,培养学生用数学的眼光去分析观察世界、用数学的思维去解决问题。

小学数学课的核心在于思维,我执教苏教版小学数学三年级下册"有趣的乘法"这一内容时,教学内容的背后指向数学思维与数学研究的理性精神,课堂中我常常问的问题是:"是这样的吗""真的是这样的吗""你确定是这样的吗""就是这样的"几个教学步骤,对应的学习过程就是:观察猜想、验证猜想、提出结论、数学应用。在同学们用笔算计算出 $22×28=616,35×35=1225,53×57=3021$ 这三个结果时,请学生思考:老师有计算的妙招,能很快计算出他们的结果,猜猜看,我的妙招是什么?后来有同学在我的启发下发现乘积后两位是两个乘数的"个位数字×个位数字",乘积前几位是"十位数字×十位数字+十位数字",后来我提出也可以是"十位数字×(十位数字+1)",学生依旧喜欢自己的想法,我决定尊重学生,效果还真好,比我们的具体,好理解!我紧跟追问:真的是这样的吗?启发学生:要证明一句话是对的,我们要举多少个例子?学生说要很多很多个!那要证明一句话是错误的,我们要举几个例子?答曰一个。这就暗含了科研的理性精神!随后我们举一个例子 $27×43$,结果可想而知,接着继续观察,完善猜想:两位数乘两位数,十位相同(同头),个位数字相加等于10(尾合十),乘积后两位是个位数字乘个位数字,乘积前几位就是十位数字乘十位数字再加上十位数字。再问:"你确定是这样的吗?"举例再验证,举很多很多例子举不完怎么办呢?那我们举一些有代表性的例子,乘数相同和乘数不同……通过验证发现结论正确,通过练习应用得出"一定是这样"!总之,数学课的核心在于思维,思维的核心在于思考。

曾记得厦门大学邹振东教授说过三种好老师:第一种就是递锤子的老师,学生需要钉钉子,老师就立刻传递给他一把锤子,好老师呀,我个人认为对应的是用方法教知识的老师;第二种是变手指的老师,学生需要点石成金术,老师给他一个金手指,学生就有了点石成金的本领,好老师呀,我个人认为是用知识教方法的老师;最后一种是给学生开窗子的老师,给学生打开一扇窗户之后,又打开另一扇窗户,让学生随即豁然开朗,收获更深刻的认识,好老师啊,我个人认为是用方法悟方法的老师,教会学生思考、自主提问、探究学习的好老师!我在教学"单式折线统计图"时,学生理解了折线统计图的内涵、由来、特点,以及制作折线图之后,这时我们班的孩子问:条形统计图可以表示数量的多少,折线统计图既可以表示数量的多少,也可以表示数量的增减变化,我们能不能说条形统计图是特殊的折线统计图?这个问题问得真好!正好可以加深认识两种统计图表示数据的本质不同,我随机把这个问题抛给学生,你认为是吗?学生通过交流讨论从两个方面思考:1. 条形统计图不是折线统计图;2. 两种统计图表示数量的方法和形式都不一样,条形统计图是通过直长条的长短表示数量的多少,折线统计图是通过点的位置(高低)来表示数量的多少。

学生对于两种统计图的异同又有了更深刻的认识。我和小学数学以及小学生打交道多年,领悟到我们要懂孩子,从孩子的眼光去理解、思考数学,我们应该

成为"推窗子"的老师。

再比如在教学"3 的倍数特征"时,学生把握"3 的倍数特征"是比较困难的,它的特征不同于"2、5 的倍数特征",教材设计了一系列数学活动,在百数表内圈一圈、看一看、想一想"3 的倍数特征",圈的过程中发现数成一斜线,如 3、12、21;6、15、24、33、42、51;9、18、27、36、45、54、63、72、81……通过观察发现:3 的倍数只看个位是不够的,0—9 这 10 个数字在个位上都会出现,看十位上的数字也是不够的,十位上这 10 个数字也都会出现。学生能够初步感觉每一斜列上的数字之和是相等的;接下来书本安排了另一个操作活动,观察算珠表示的两位数,发现用算盘表示这些数总共用去的算珠个数是 3 的倍数(即各位数字之和是 3 的倍数)。学生这样学习"3 的倍数特征"肯定还不深刻,思考也不深入。为什么"2 和 5 的倍数"我们只观察个位就行了?而"3 的倍数"则需要计算所有数位上的数字之和呢?这是为什么呢?有一个同学说得真好:"几十、几百……它一定是 2 或 5 的倍数,所以我们不需要看十位、百位等,只要看个位上的数是不是 2 或 5 的倍数。"那 3 呢?孩子们则一时答不上来,我说我们举个例子吧,36,我们可以用小棒表示,3 捆小棒,再加 6 根,把 3 捆拆开,得到 3 个 10,如果我们每 3 根一圈,最后每捆都会剩余 1 根,3 捆就会剩余 3 根,最后剩余的 3 和个位上的数合起来,看它是否是 3 的倍数;我们进一步思考:如果是 123 呢?100 根小棒,每 3 根小棒一圈,会剩余几根?学生会发现剩余 1 根,223 呢?200 根小棒,每 100 为一份,每份都将剩下 1,所以就剩余 2 根,与十位、个位的数相加,看看是不是 3 的倍数,孩子们理解了把每一个数位上的数相加也就是把每次分的余数相加,所以和各个数位上的数就有关系了!班级里有参加课外辅导的孩子还补充到:"我现在明白了 4 的倍数只需要看末位两位数,因为整百一定是 4 的倍数;8 的倍数只需要看末位三位数……"教是为了不教,跨学科、跨领域、跨学段学数学,孩子们的数学世界才会更宽广!

学为中心，把握细节

教学过程中您遇到过"启而不发"吗？有时和老师们交流，这节课有些冷场，学生真是"启而不发"呀！试问：教学定位是学生主动探索还是被动接受？是教师主动研究学生还是学生被动接受教师？出现"启而不发"的原因主要有以下3个。首先，对教材的理解不到位，对教学的目标定位过高。其次，是对学情分析不深入，学生的知识起点在哪里？即已有的知识经验和心理基础在哪里？我要带我们的孩子到哪里去？我怎样和孩子们一起去？多问问这些问题，多进行自问自答，访谈学生，都有利于我们合理把握学生情况。最后，提问方式不当，有的问题过大，学生不知道如何回答，也有的问题学生听不懂，不理解老师的提问意图，还有的问题缺少思维含量，缺少独立思考的元素，比如"是不是""对不对""好不好"等这样的问题。

好的教学，应该是把知识与能力、思想与方法、思维与兴趣融为一体的教学。在教学"角的度量"时，需要思考的地方有很多，"角的度量"就度量角的两条边分开的大小，度量必须要统一一个标准，这个标准难在用1度的小角测量，与长度测量比较，它有了一个质的飞跃。长度测量是由一维刻度标准，可以是1厘米、1分米或1米，相对从起点测量到终点结束比较容易一些，刻度是直线方向的，而角的度量是由一个二维刻度标准，即由一个个1度的小角组成的，起点和终点在于角分开的两条边，刻度是曲面方向的。角的度量最容易失误的地方在于看内圈刻度还是看外圈刻度，决定读哪圈刻度在于角的始边对齐哪边的0度刻度线，现在很多商家制作的量角器非常不规范，0刻度线不统一，外圈和内圈不统一，中心点又做成了一个小圆圈，不仅不能帮助孩子对齐角的顶点，反而会增大量角的误差。第三个教学的难点是让学生感悟学习"角的度量"有什么用？学习的需求和价值在哪里？是不是传说中的"屠龙之技"？

教师的追求在于建立以学为中心的教学，学为中心的过程在于学习共同体之间的交往，还可以是他们学习过程中的质疑与思辨，更可以是豁然开朗之后收获顿悟的数学反思。再一次和孩子研究角的知识"分类和画角"，很多孩子对上一节课量角的知识又有了更深刻的认识,这或许是我经常提到的瞻前顾后。画角完全可以让孩子自己研究操作方法,借助角的描述性概念和量角的方法,同桌交流,上台汇报自己的画角过程,借助同伴自己的语言说出画角的过程与方法,在画角的过程中初步感悟体验出角是一条边绕它的顶点按照顺时针或逆时针方向旋转一定的度数得到的图形。在学习共同体质疑与辩论的过程中,逐步形成画角的操作技能。总之,每一个孩子都是具有天赋的学习者,有的孩子的天赋为什么越来越少?原因在于他们是否得到挖掘和训练这一学习天赋的时间和空间。这就是以"学"为中心的教学和以"教"为中心的教学甚至是以"灌"为中心的教学的本质区别。

没有量角器可以画出角吗?《义务教育数学课程标准(2011年版)》提出了十个关键词:数感、符号意识、空间观念、几何直观、数据分析能力、运算能力、推理能力、模型思想、创新意识和应用意识。这十个关键词有务实层次的核心词,也有务虚层次的核心词,正所谓虚实相间、相容互融。苏教版小学数学教材(2013版)增加了"动手做"的教学板块,目的是培育学生对数学的应用意识和创新意识。有一次,我的教学主题是"没有量角器能画出角吗",很多孩子说画不出,有的孩子意识到老师的笑容深意说画得出。那怎样画的?也就是借助现有的三角板的角进行组合拼接,两个角或几个角相加、相减就得到一个新的度数的角。不借助量角器角的画法重在指向培养学生的空间观念,在学生的头脑中建立 30 度、45 度、60 度、90 度、120 度、150 度等角的表象,也可以训练孩子估测角的度数的能力。在我们读小学的时候,没有安排动手做的内容,而我们许多孩子由于家庭经济原因没有量角器,就运用已知小角的度数不断增加或相减,不断逐步逼近的方法。以前画角最喜欢画 45 度、135 度等度数,因为可以通过折纸就画出来。

教学过程中的师生关系是"一厢情愿"还是"两情相悦"?我们在进行教学设计时,是否对教师"教什么"和"怎么教"思考的比较多,而对学生"学什么"和"怎样学"思考得相对比较少?有时我们顺势启发而迟迟得不出教学结论,我们是否会代替学生把结果说出来?有时候我们把课堂理想化,总认为这个知识点太简单,教学过程完全可以直线推进,但现实中的孩子却缺少"自主、合作、探究"的时间和空间。有时候我们提的问题比较大,当孩子仅仅思考一两分钟,我们有的老师很喜欢追问:"你有什么发现?"我们的孩子却不知道从哪里切入。还有在辅导孩子的时候,我们单方面地追求"提优辅导",是否出现孩子不配合、不理解……以上情况都是我们师生关系中的"一厢情愿"。教学过程中我们需要从学生的角度去思考"教什么"和"怎样教",从尊重学生心理的角度去思考师生关系的"两情相悦",从激发学生学习需求的视角教会学生自主学习,激发学生内在的自我动力,发展学生的学习力。正所谓:教学若是长久时,又岂在"一厢情愿"?

数学理解需要"脚手架"。在执教苏教版数学三年级下册"两位数乘两位数"这一单元知识时,教学的重难点在于把"算理和算法统一起来"。这一内容是在学习两位数乘一位数的基础上进行教学,同时为四年级下册"三位数乘两位数"的学习做铺垫,这一知识点具"承上启下"的作用,环环相扣,既扩充笔算算法,又为今后"三位数乘两位数"的笔算算法迁移埋下伏笔。原来"两位数乘一位数"的笔算只需要一步,好比是"盖一层楼的房子",现在是需要两步,更好比是"盖两层楼的房子",而第二层楼的盖法和意义理解就是学习的一个难点,这就需要一个"脚手架"。这里的脚手架就是借助几何直观。我们可以把 24×12 用点子图表示,每排 24 个点子,一共 12 排,无论是估算还是用自己的方法计算 24×12 等于多少,都可以借助点子图。从上往下看,我们可以求 10 排的点子数量,再求 2 排的点子数量,最后把两次结果相加;或者是先求 6 排的点子数量,再乘 2 或者翻倍;我们也可以从左往右看,先求 20 列的点子数量,再求 4 列的点子数量,最后相加……以上算法探索都是借助点子图探索理解"两位数乘两位数",为理解算理做好充分铺垫。在理解笔算算法过程中,我们依旧可以借助点子图,先用第二个乘数个位上的 2 去乘 24,所得结果是 48 个点子,即 2 排。再用第二个乘数十位上的 1(表示 1 个十)去乘 24,所得结果是 240,即 10 排。最后把两次算出的结果相加,即 12 排。以上就是我们从上往下看点子图理解 24×12 的算理方法。我们也可以用同样的方法理解 12×24,也就是从左往右看点子图理解 12×24 的算理方法,通过两题对比发现,我们在"盖第二层楼"的时候个位都有数字 0,为了简洁我们可以把 0 省去,即表示 24 个十或 240。教学中的难点我们需要借助脚手架,帮助学生理解数学,变抽象为直观,化特殊为一般。

教的是知识、育的是能力,教育应着眼于孩子的未来,放大孩子成人成才的各种可能!我们有没有发现这样一种现象,幼儿园孩子的想象力与笑容是最吸引人的,他们的话语像诗歌一样,丰富斑斓,五彩缤纷;进入小学,有的孩子就不会笑了,想象力也下降了,举手发言逐步减少;一进入初中,我们孩子大部分的时间就在听讲解方法,不断刷题,缺乏批判意识和理性精神。如何在教知识与育能力之间寻找平衡点?回顾我的学习历程,初中之后进入中等师范学习普师专业,唯一让自己满意的是自己的自学能力,时刻告诉自己要不断思考,虽然我的导师评价我学得比较杂。我通过思考,悟出教育包含两个方面:"教"和"育"。"教"在知识,"育"在能力;"教"在课堂,"育"在活动,这里的活动包括师生共研、学生自学、交流汇报、德育活动、音乐体育美术活动……我们需要转变"只教不育"或"重教弱育"的传统意识,把"教"和"育"统一起来,提高孩子的活动参与意识。比如运动会的开展,我们可以把体育与音乐、体育与美术、体育与科技、体育与电影、体育与校园文化、体育与习惯、体育与交往、体育与自护等等结合起来,打破单一学科领域的局限,多学科融合,最终我们育人目的应该指向培养孩子体育锻炼的兴趣和能力。"育"在能力,可能一开始对考试提多少分没有显而易见的好处,但对孩子未来成人成才却具有延时价值!当一个孩子长大成人后,他能回忆起在学校参与活动给他带来的成功或失利体验,收获成功、阳光、自信、积极、乐观的人生态度,我们的教育就成功啦!教育让我们的未来美丽起来,一定程度上可以说,每一个孩子都有成人成才的可能,只不过在教育过程中有时可能性扩大了,有时可能性又大大缩小了。

解决问题,发展能力

"解决问题的策略"怎么教?"解决问题的策略"是苏教版数学教材独具特色的教学内容,从课题标题上看,很多教师会偏重于"解决问题",导致上着上着就可能变成了解决几道数学实际问题。教学中既要经历问题解决,更要感悟体验策略,解决问题和感悟策略双管齐下,以解决实际问题为载体,经历策略的形成过程,感悟策略运用的好处,指向今后遇到这一类数学模型就会主动自觉地运用策略,我想这才是解决问题的策略的目标所在。课堂中我常常会问这样几个问题:我们是怎样想的,即指向策略的形成过程;运用这种策略对我们有什么好处,即指向感悟策略的优越性;以后遇到什么问题我们可以运用这种策略,即指向自觉主动运用策略的意识。在教学策略的过程中,还需要处理好教师主导和学生主动的关系,处理好知识技能和情感发展的关系,处理好一题多解和优化策略的关系等等。

在解决问题的过程中形成策略,在运用策略的过程中提升问题解决的能力。备课组在磨五年级上册"解决问题的策略——一一列举"时,如何凸现解决问题和策略两个关键词呢? 教学设计及实施过程把握这两个重点:教学过程和核心提问。解决问题在于把握四点:教学之始起于孩子的需求;教学之中重在策略的形成;回顾之中体验策略的好处;运用之中提升策略的应用意识。如何突破以上四点呢?

"王大叔用22根一米长的栅栏围羊圈,怎样围面积最大?"在分析周长是22米,长加宽的和是11米之后,第一个核心问题:"你有没有一个好的办法帮助王大叔解决这个问题?"同学们说可以摆一摆,也可以把符合条件的长方形一个一个地列举出来,从学习需求开始本课的学习。

在列举的过程中,学生在头脑中明白怎样列举的。可以从长想起,也可以从宽想起,按照从小到大或从大到小的顺序一个一个地有序列举出来,在长6米宽5米和长5米宽6米的情况下重复出现。第二个核心提问:"我们是怎样一一列举的?"有时我们需要进行变式练习,除了有序列举,有时可能是先分步再列举

（书本上点素菜和荤菜的练习），有时是先分类再列举（书本上邮票组成不同的邮资的练习）。策略价值和应用意识是我们教师最容易忽略的，我们可以通过经常问问孩子以下两个问题："运用'一一列举的策略'解决实际问题有什么好处？""我们在什么情况下需要用到'一一列举的策略'？"学生明确列举可以让我们不重复不遗漏地把所有符合条件的情况列举出来，在遇到情况有很多种的时候我们需要运用"一一列举的策略"。在巩固练习过程中，教师也需要多问问："你是怎样想的？""有什么好处？""什么情况下用？"久而久之，学生用数学的意识就会越来越强。

　　孩子们真的会解决问题吗？我们很多孩子一看到题，嘴里便说道："简单！"有时候和孩子交流，"你觉得问题怎么样？""简单！"但往往简单的问题却失误率很高，是我们的孩子眼高手低吗？还是我们的孩子学习品质的原因？或是我们的孩子总是在赶场子，语文、数学和英语等作业，周而复始，循环往复……还可能是问题解决的能力和意识问题，太多太多的原因值得我们去研究。问题解决是现代公民一种基本的分析问题和解决问题的能力，如何提高孩子解决问题的能力？我最近再一次地学习波利亚的《如何解题》，把问题解决的四个步骤分享给孩子们。首先是审清题意，条件是什么？未知是什么？条件和问题的联系是什么？然后是拟定问题解决计划，这个问题我以前遇到过吗？激活我们的学习经验，如果没有遇到过，我怎么进行转化？我先怎么样，后怎么样？我能运用哪些策略帮助我进行问题解决？再次是实施解决问题计划。最后是验证自己的答案是否正确，也是我们常常讲的"千金难买回头看"。我们的孩子通常只有第三个步骤，即"题拿起来就写"，缺失审题、拟定计划、验证答案这三个重要的步骤。比如在计算辅导中，我引导孩子观察算式特征，能不能简便计算，为什么？按照正常顺序计算，又是为什么？逼着孩子"计算要讲理"！而不是想当然地进行计算。再比如复习"多边形的面积"，引导孩子通过以上四个步骤进行问题解决，收到非常好的教学效果。其实不仅仅是数学的问题解决，解决其他问题同样适用！在有限的练习中培养孩子无限的潜能，这就是教学的价值所在。

　　越是看上去简单的策略越实用！最近教学公因数和公倍数的相关知识，我们需要在三个地方的教学持续发力：1. 借助情境理解数学概念，明确"是什么"的教学目标；2. 借助列举找出两个数的最大公因数或最小公倍数，即明确"怎么找"的学习目标；3. 实践运用问题解决中提升对概念的认识，提高对公因数或公倍数的应用价值。为什么要借助情境理解概念，无论是用正方形去铺满长方形还是用长方形去铺满正方形，都隐藏着公因数或公倍数的变化规律，这就是探索为什么能铺满,还有什么情况也可以铺满,借助"铺"的情境,头脑中就有了铺几行,每行几个,链接起公有的因数或是公有的倍数问题。其次,在初步进行概念教学时,建议重点突出"列举的策略",对于特殊关系的"倍数关系""互质关系"等,可以放在第二课时,短除法、辗转相除法等作为了解内容,列举是"通识通法",是全体学生必须掌握的保底要求,列举是最实用的一种方法。但我们可以在列举的过程中不断优化,可以列举其中一个数的因数或倍数,然后再排除筛选出另一个数的因数或倍数,在排除筛选的方向上还可以进一步优化,找最大公因数可以从后往前找,最小公倍数则刚好相反,借助师父华应龙老师的话叫"让思考多飞一会儿"。最后,只有通过不同情境的问题解决,变化、变式理解公因数和公倍数的不同情境,才能不断提高数学的应用意识,感悟学习数学的价值所在。

专业成长，成就自我

当下信息社会，我们如何进行专业成长？有时候和同事们闲聊，你关心自身的专业成长吗？通过什么方式成长？很多老师以工作忙为理由，主动放弃自身的成长，这是十分可惜的。作为教师，承载传道、授业和解惑的神圣使命，如果我们老师不成长，我们的孩子能获得成长吗？教育工作需要付诸情感交流，与时俱进，顺应知识更新，绝不能用昨日的旧船票登上当下神圣的课堂。忙，意味着"心亡"，老师的专业成长在于八小时之外。我很佩服张奠宙老师，八十多岁的高龄之时，依然坚持每天写三百多字的教学感想，而且是在轮椅上用电脑敲打；我也很钦佩我的师父华应龙老师，每天坚持阅读与写作，走路、上洗手间一直在思考，有时睡觉都在思考"课前慎思"，和衣而睡，有教学灵感随时记录下来；我还很欣赏曾经一起参加基本功竞赛的朱月鹤老师，上洗手间都在利用备忘录写教学反思。老师的专业成长首先需要有很强烈的内驱力，要有很强的自我发展意识，即"我要成长"！这种内驱力和荣誉、职称、学科带头人没有任何联系，摒弃了功利主义，在于享受自我成长的工作状态。教师成长的最大受益者在于学生！其次，教师成长在于厚积薄发，多阅读、多借鉴、多思考、多创新、多反思……阅读书籍、观摩视频、思考教学中的得与失，我们就逐步"见多识广"。最后，要打开自己的课堂，多邀请全校老师来看你的课堂，借助集体智慧助推个人成长。关起门上一年的课的成长绝对没有打开门上一节的课的成长受益得多，坚持每个月上一节组内以上的研讨课，坚持每天对自己的课堂进行反思，经过时间的推移，"量变一定会引起质变"。在路上，成长进行时！

教师作为专业人员，重复同一内容的十年经验与不断反思并创造性探索的十年经验，这是两种不同质的经验。我很认同"数学王子"张齐华的观点："不重复自己，更不重复别人。"我们老师不能拿着一张旧船票，登上今天的课堂，去重复昨天的故事！有一天下午，我利用下班时间和大家分享草根老师的心路成长历程，作为有发展欲望的老师，我们首先要千万次地问明白自己3个问题：1. 我为什么做老师？我是把教师当成一份职业，作为谋生手段，我的感情境界是喜欢；或是把教师当成一份事业，借以规划人生，我的感情境界是感恩；或是把教师当成一份家业，用以传承精神，我们的感情境界是崇拜。教育应当传承精神、思想、方法、看问题的角度、理性的批评精神等等。2. 我喜欢做老师吗？做老师的好处有很多，有时候换位思考一下，老师和医生互换一周工作岗位会怎么样？3. 我们要做一位什么样的老师？做一个有担当、有责任感、有思想、有激情的老师。想清楚以上三个问题，再思考我们自身发展问题。常见的影响我们教师发展几个因素有课务重、活动多、学习机会少、缺少名师引领、教研氛围淡、科研意识淡薄等。成功者方法多，失败者借口多，我身边就有好几位老师暑假自费去提升科研能力，教师的专业成长一定在于以健康为保障的"白加黑、5+2"，教师的专业成长在 8 小时之外。教师在发展之前需要给自己定定位：我是"先知先觉创造变化""后知后觉适应变化""不知不觉被动变化"还是"只知不觉顽固不化"。我特别钦佩南通教育圈的教师们，他们培养了一大批优秀的特级教师：张兴华老师、华应龙老师、徐斌老师、贲友林老师、储冬生老师……我也佩服京派名师，比如李烈、窦桂梅这些令人敬佩的老师，他们对教育研究如痴如醉、孜孜以求。在民办学校，教师发展可能不占据天时、地利的优势，但拥有人和的长处。孟子说："天时不如地利，地利不如人和。"人和就需要我们贵人引领，我们的师父、校长、教研员、大学老师、期刊编辑都是我们专业成长的贵人；需要团队打磨，经历"模仿、打磨、着魔的过程"；需要深入思考，一课一得，案例加反思，勤于思考；更需要理论储备，需要储备课程标准的知识、特级教师思想、学科史、文化史、学科发展史、教育哲学、课程与教学论等理论知识……更需要注重实践，抓住上课的机会、和孩子对话的机会、时刻反思的机会，反思完全可以在上洗手间期间利用备忘录、微信等形成反思。教师在投稿过程中需要分析期刊特点、了解编辑流程、关注期刊动态、学会交流沟通。

经历了就积累经验了。谈谈我参加学校青年教师基本功比赛的三点体会：

1. 什么是好老师的标准？好老师的标准主要有 2 条，智慧爱和慧心教。都说没有爱就没有教育，在教学育人过程中，我们需要关心关爱每一位孩子，不以分数论英雄，而应以发展进步的眼光评价学生。智慧教学要求我们自身学科教学站点要高，以高站位来看待小学数学教学，其中有两个关键词："小"和"数"。"小"是指要关注学生的认知和年龄特点，"数"是指要关注数学学科特点。

2. 什么是好课的标准？好课的标准主要有面向全体、关注个体、学科特色、各有提升四个指标。在教学过程中，我们不用怕学生出错，借助师父华应龙老师的话"学生在错着、错着就对了，聊着、聊着就会了，学着、学着就会提问了"，教学就是在一种生长的过程中学"慧"知识、掌握技能。在教学过程中我们要舍得给学生时间和空间，我个人不建议老师讲得多，讲得越多学生思考就越少，不要和学生去争抢思考的时间。孔子说过："吾听，吾忘；吾看，吾记；吾做，吾悟。"这句话的意思是"我听到了，我就忘记了；我看到了，我就记住了；我动手实践了，我就领悟了。"

3. 上课是有章法的，是有规律性的。比如我们这次参加学校基本功比赛的"角"这一概念教学和"转化"问题解决教学，这两类课都是有章法的。比如角的概念教学，它一般要经历以下五个板块：(1) 感知具体对象阶段，即生活中有许多角，我们需要把它画下来，就是抽象过程；(2) 尝试建立表象阶段，在学生头脑中，你理解的角是怎样的，需要建立空间想象；(3) 抽取本质属性阶段；(4) 数学符号表征阶段，我们可以用文字、语言、数学符号、图形等把角表示出来；(5) 概念运用阶段，生活中我们在哪里运用到角？再比如"解决问题的策略——转化"这一课时，我们的章法一般从"需求、过程、价值和意识"四个教学板块进行。从孩子的策略需求开始教学，我遇到比较复杂的面积数学问题，数方格很麻烦，有没有另外一种简便的方法来达成问题解决。有了这种需求，需要我们教师引导学生经历一个完整的策略形成过程，转化之前什么变了？什么没有变？是怎样转化的？等几个问题……学生有了经历就有了经验，有了感性认识就会有理性思考。经历了过程，我们还需要常问问孩子们以下几个问题：转化有什么好处？我们在什么情况下会运用到转化的策略？前一个问题是对策略价值的感悟，后一个问题是提升策略的应用意识。

探索规律,重在经历

如何教学探索规律？首先,在过程中探索,即要给学生呈现探索规律的过程。好的探索规律教学就好比是剥洋葱,层层递进、不断深入、透过现象看本质。探索规律重在探索,尤其是探索的过程,而不是运用规律练习的叠加。其次,在理性中探索,即要培养孩子的思维品质和理性精神,探索规律一般经历"观察、猜想、验证、结论、运用"等过程,在过程中提高学生用数学的眼光分析问题,用数学的思维解决问题的能力。学生在今后的学习、生活或工作中,理性精神影响他们的一生。最后,在思辨中探索规律。好的数学课上课之前学生是有期待的,上完课是有回味的,在思辨中学生理解"数学就是探索千变万化中不变的联系"。

再谈探索规律教学。首先,探索规律的教学应该建立在感性的积累和理性的叠加基础之上。以探索"商不变的规律"为例,教师以购物情境导入,得出 $8÷2=4,16÷4=4,32÷8=4$ 这三个算式,我们应该引导孩子观察被除数和除数是怎样变化的,第二个算式和第一个算式相比,被除数乘2,除数也乘2,我们可以说被除数和除数同时乘2,再引导孩子观察商是怎样变化的,商不变。第三个算式和第二个算式相比,被除数和除数也是同时乘2,商不变。那第三个算式和第一个算式相比呢？被除数和除数同时乘4,商不变。接下来请同学们借助观察提出猜想:"被除数和除数同时乘几,商不变？"教师随机渗透要证明一句话是错的,我们只要举出一个例子是错误的,要证明一句话是正确的,我们需要举无数个例子,无数个例子我们举不完,我们可以举有代表性的例子,孩子通过举被除数和除数同时乘10、15、100等,商不变,以上就是一个感性的积累过程。接下来老师需要善于激发矛盾冲突,"被除数和除数同时乘0呢？"或者说"我们刚才的猜想一定正确吗？"引导孩子添加限定条件"0除外"。得出本课的第一个结论:"被除数和除数同时乘一个数(0除外),商不变。"孩子通过进一步观察,从上往下看,是同时乘一个数,那从下往上看就是同时除以一个数,商不变。得出第二个猜想并验证得出又一个结论:"被除数和除数同时除以一个数(0除外),商不变。"再一次进行感性的积累,教师提出更高要求,"你能把这两句话合并成一句话吗？"被除

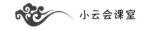

数和除数同时乘或除以一个数(0除外),商不变。这就是一个理性叠加的过程。其次,探索规律不应该是我们教师一厢情愿地给予,而是学生体会到规律的简洁表达和广泛应用。可以通过生活中的问题解决、计算速度的提高、计算过程的简洁来体验规律的好处。最后,探索规律的教学要注重孩子终生学习能力的培养,孩子走出校门,数学知识很快忘记,但是知识的形成过程、理性精神、看问题的着眼点、数学思想和方法的感悟与应用、数学地思维和数学地分析问题解决问题的能力,将让我们的孩子终身受益!

我们还可以借助图形理解规律。今天教学小数"乘法积与因数的关系",出示6道算式题,4.9×1.01=;4.9×0.99=;5.8×1.2=;5.8×0.8=;0.2×0.4=;0.85×0.75=。学生计算之后,观察、猜想、验证得出:"一个数乘大于(或小于)1的数,积比这个数大(或者小)。"我追问:"一定是这样的吗?能不能深入思考一下?"孩子们补充到:"一个数(0除外)乘大于(或小于)1的数,积比这个数大(或者小)。"这时候我们俞佳涛同学还要把它补充完整:"一个正数(0除外)乘……"有这样的数学感觉真不简单,给孩子点赞!随后,我问孩子们:"能不能用数轴来表示这个规律呢?"如果用 a 和 b 表示这两个数($b>a$),如果这两个数都大于1,猜一猜,乘积比谁大,可以举个例子。通过再次举例验证猜想,在图中表示出积比 b 大;同样,如果两个因数一个大于1,另一个小于1,积在图中就是在 a 和 b 之间;如果两个因数都小于1,那么乘积比最小的 a 要小,也有孩子用自己的话说:"乘比1大的数,越乘越大,乘比1小的数,越乘越小……"孩子们数学学习的感觉真不错,简单的乘法算式背后隐藏着奇妙的规律!

尊重个性，因材施教

牛孩子是怎样练成的？一个孩子的成功主要有内因和外因两个方面，外因主要是学校教育、教师影响、环境等因素，这里的环境有社会环境和自然环境，其中整个社会尊师重教也属于社会环境。成功孩子的学习之路有太多的相似之处。其中内因主要有孩子的自主自立、兴趣广泛、学会思考，还有最重要的是家庭教育！

1. 自主自立。凡是孩子能做的，家长和老师绝不要代办，孩子从小要有做家务、整理的习惯，在整理、做家务的过程中孩子学会计划、统筹以及做事方案的优化，整理既包含整理内务、用品等物质上的整理，还包含心情、学习知识点的整理，更包含自我提醒和反思反馈的整理，中小学阶段可以采用错题集，我们孩子错题集可以包含四部分，错题、错误原因、正确解答和类似题型。

2. 兴趣广泛。教育包含"教"和"育"两个方面，很多学校重"教"轻"育"，"教"只是在文化课程，尤其是中、高考课程，而"育"的课程缺失，比如音乐、美术、体育等艺术课程的缺失。我所在的伦华教育集团的实体校两手都要抓，两手都很硬！一个孩子的成长一定离不开音乐等艺术学科的滋养，体育学科的锻造，在"育"的学科学会审美、提高耐力、锻炼毅力，培养孩子的创新意识……

3. 学会思考。凡事喜欢刨根问底，不仅要知道是什么、为什么、有什么用，还能知道怎么样，举一反三的能力特别强。所学知识点连成线，线构成面，面形成体。

4. 家庭教育。家庭教育在牛孩子成长中发挥巨大的作用。教育部原部长陈宝生先生刚履职时就把家庭教育列入孩子教育的重要组成部分，习近平总书记也倡导建设良好的家风。现在家庭教育的三个突出弊端在于功利性、超前性和摇摆性。孩子的教育一切从升学出发，而把兴趣、创新意识、自主学习能力的培养撇弃在一边，小学学习好就意味着能升入好的初中、高中和大学，功利性集中表现在一切向分数看齐。超前性在于幼儿园小学化，小学学习初中的内容，初中学习高中内容，高中题海化，正所谓"不让孩子输在起跑线上"，教育的结果是大学阶段学习自理自立、和人交流，最后教育"输在终点线上"。前一段时间看到幼儿园就已经开始进行奥数训练了，这种不尊重教育规律和孩子身心特点的教育只能称之为"折腾孩子、折腾教育"。摇摆性在于时严时松，时而传统、时而西式，时而抓分数、时而抓素质，缺乏坚持，这里有一些"教育心灵鸡汤"的影响。家庭教育的根本在于家长教育，家长教育的核心在于学习培训，加强自主学习与良好家风建设。教师、医生、律师等各种专业都需要通过培训才能上岗就业，而很多家长还不知道怎样培育孩子就为人父母，没有培训合格就上岗就业，并且上岗的有效期是一辈子，试问家长如何能承担孩子的第一任老师的重任？小到班级、学校团体，大到城市、国家都需要一种精神力量的引领，这就是班风、校风、企业文化、城市精神、社会主义核心价值观……创建良好家风可以助推孩子的成长，我个人认为主要创建以"诚信、勤俭、治学、忠诚与尚礼"为主的家风。诚信就是实事求是、尊重事实、尊重规则、信守诺言……有人认为诚信会吃亏，借用一句"吃亏就是占便宜"，看上去吃小亏，但不会吃大亏；勤俭就是倡导勤奋努力、节俭持家，不铺张浪费，从小倡导光盘；治学就是读书为学，书到用时方知甜；忠诚在于忠诚于自己的职责、自己的岗位、自己的国家……不以利益为转移；尚礼就是知晓礼仪，凡事让他人舒服、温文尔雅、举止言谈文明。这里的礼仪包含衣食住行等各个方面，比如餐饮之礼，作为父母应该告诉孩子和长辈在一起吃饭应该让长辈先品尝，不能挑自己喜欢吃的菜，不能用筷子指着他人说话……从细节小事做起，学会与人交往，学会生存之道。

  好老师会给学生以终生影响。我们常说：教孩子小到三年、大至六年。但给予孩子影响的却可能是30年甚至是60年乃至一辈子，这就是教育的延时价值。我在苏州大学进行工商企业管理硕士学位论文答辩时，老师问我写完这篇论文最大的收获是什么？我从三年以来教我的几位老师谈起，每次上完一位老师的课，我都会用一句话总结我的收获。夏永祥教授的《社会主义市场经济学》，我学到了任何事情可以运用博弈论来揭示发展变化规律；王教授的《会计学》，我收获了财务主管应纳入决策管理层；吴继恒教授教会我运用模型决策事务，合理进行工作分解；陈一星教授教会我任何群体业绩失败的最大障碍就是沟通不到位……我还列举了"运用管理知识渗透到我的学校管理"几个事例，最后说明我最大的收获是从"经验管理"迈向"文化治校"，即"制度管理"。

智慧说课，艺术育人

说课怎么说？当下教师招聘、教师资格考试面试等过程中都会测评我们准教师的说课能力。可是，我们会说课吗？我们说课容易忽视的地方在哪里？说课不仅仅要解决"怎样教"的问题，更要解决"我为什么这样教"的问题。在说课过程中，我们容易忽略的问题有以下5个方面：

1. 容易忽略说学情，即学生的学习情况，孩子的已有的知识经验、心理准备在哪里？我们要准确分析学情，以学情定目标，以学情定设计。

2. 容易忽略教学目标的主体者。教学目标是一节课的出发点和归宿，即孩子的起点在哪里？我要带孩子到哪里去？我怎样带孩子到那里去（教法和学法）？那么，目标的主体是谁？主体应该是学生，而不是老师！所以我们在定目标的时候不宜采用"使学生、让学生"等词语，而是替换成"学生通过"等词语。

3. 学法和教法混为一谈，或者重教法、轻学法。学法，是教给学生怎样的学习方法，学生能运用恰当的学习方法实现学习目标。说学法要结合目标、重难点和学生的年龄特点来表达。

4. 容易忽略说板书设计。板书是一节课的缩影，一节课的精华，一节课知识的发生、发展、生长和延伸的形成过程。板书设计的意图又在哪里？说课还可以说精彩片段，可以是导入部分，可以是讨论交流部分，还可以是变式练习部分……今天回头看看，发现"在哪里"是一个高频词，我们可以多问问自己："在哪里？"

5. 把握说课各个环节的逻辑关系。我们说教材和学情是为了设定教学目标，教学目标的设定是为了找准重难点，教学重难点的达成在于教法和学法的运用。我在说课时，常常备注运用什么教学方法在哪一个版块，学生的学法用在哪一个活动中。教学流程的设计是为了教学目标的达成。所以，说教材，说学情，定目标、重难点，说流程和板书设计，这几个方面都是一个系统结构。

会说课，更重要的是会上课。在日常教育教学中，需要放慢教育的脚步，给孩子思考的时间和空间，就小学数学教育而言，孩子应该从"是什么、为什么、有

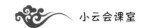

什么用、还可以怎么样"等几个问题引发学生的探究与思考。有一天,上了一节"小数加法和减法"的教研课,学生从"怎么算、为什么这样算、还可以怎样算"这三个问题展开提问,我顺势开展教学。设想一下:这节课如果我们老师不教,或许有一些孩子已经会计算小数加减法,那我们还有必要教吗?这节课教学的必要性和重要性就在于把算理和算法统一起来,即重在解决怎样算和为什么这样算的问题。教学4.75+3.4,有以下几点需要强化:

1. 重视估算,发展数感

课上有同学说出"上界是9元,下界是7元",还有同学借助三年级下册学习的4.7+3.4,估出8.1,有同学说出"和的取值范围是比7大而比9小"。估算的好处在于为相同数位对齐进行铺垫。后来学生自主尝试列式计算,全体同学都是相同数位对齐而没有出现尾对齐,估算在前,笔算在后,估算验证笔算,笔算亦可验证估算,这个时间花得值。

2. 多元表征,理解算理

这节课难在理解为什么这样算,所以我们学生借助把元转化成分,或把元、角、分分别写在个位、十分位和百分位,或运用小数的意义,或借助图形,以上表征形式都指向理解"计数单位相同,方可直接相加减",即相同数位对齐,在计算过程中总结反馈出"齐、算、点、简"的计算方法,逐渐加深对小数加减法的理解。

3. 瞻前顾后,建立沟联

教学一定要知道学生学习的过去,还要知道学生学习的现在,更要知道学生学习的将来,沟通昨天、今天和明天的联系。课上,我出示了二年级下册的"多位数的加减法",三年级下册的"一位小数加减法",沟通现在小数和过去整数的联系。如果有时间,我会在最后增加一个小讨论:小数是特殊的分数,$\frac{1}{100}+\frac{1}{10}$可以直接相加吗?沟通加减法必须统一相同计数单位的"同一性"。

4. 拓展思维,提升能力

课堂中需要让学生用数学的语言外显思维过程,可以让学生互相提问,互相回答,在质疑与讨论的过程中加深对数学本质的理解。你同意他的想法吗?你对他的回答有问题吗?你能回答他的提问吗?为了拓展孩子们的思维,请放慢我们的教育步子。

发展思维，学为所用

数学教学的目的在于学生能够意识到所学知识有用于生活。我非常喜欢阅读东北师范大学史宁中教授的书，他提出的数学素养在于"孩子能用数学的眼光观察现实世界，用数学的思维思考现实世界，用数学的语言表达世界"。这三句话隐藏着三种基本数学思想：数学的眼光即抽象；数学的思维即推理；数学的语言即模型。最近我在教学"复式条形统计图"之前，主要思考了以下三个问题：

1. 孩子如何在大量的数据之中发现信息？
2. 在对比统计表和统计图表示数据时，如何体现条形统计图的优越性？
3. 如何提高孩子们数据分析的能力？

数据分析是统计教学的核心，我们借助于篮球比赛成绩、身高体重指数、空气质量统计等事例，经历整理数据、表达数据、描述数据和分析数据，透过数据分析背后的原因。正所谓看到的只是表象，看不到的是本质！以北京、太原、南京和南宁四个城市 2003 年和 2011 年空气质量良好及以上等级天气数，发现空气质量逐步变好，背后的原因是什么？为什么是这样的？如果是你，你会选择哪个城市居住，为什么？如果我们再关注 2016 年空气质量，我们能否预计 2020 年的空气质量情况，说说你的理由。在分析数据的过程中孩子感受到数学是有用的，只要给我们一定的数据，我们就能发现规律。

再比如，近几年出现雾霾天的次数多了。在雾霾天的日子里，我们老师还可以怎样上课？课堂除了教学学科知识，我们还可以渗透什么？我们有时候必须转变上课方式，雾霾天师生应尽量减少外出，孩子能否在家接受线上教育呢？我们是否可以采用翻转课堂，采用微博微信，采用 QQ 视频、电话咨询等方式上课。有一次在课堂上，我除了给孩子们上与数学有关的内容，还把苏州、泰州、常州、北京等几个地方同一时期的 PM2.5 数值进行对比，和孩子们一起关注环境问题，学生还可以课外拓展国外的治霾经验，课间我还分享了由于雾霾被堵在高速公路上，几小时后，当我们车子重新启动，人们留下的是遍地垃圾，车子开动，垃圾满天飞的实例，启发孩子们从小要关注环境，认识环境问题，建立环境问题与我有关的意识。

举一反三,提升能力

学习的魅力在于举一反三,质疑思辨。今天和孩子们一起复习"多边形的面积",借助图形,我们回忆了平行四边形、三角形和梯形的面积公式的推导,孩子们认为三种图形最重要的是平行四边形的面积公式推导,都可以借助平行四边形的面积公式理解其他两种图形的面积公式推导。我顺势提出一个问题:"想一想,能否用求三角形的面积方法求平行四边形和梯形的面积?"平行四边形有对应的一组底,梯形有上下底,怎么办呢?学生借助图形分别连接平行四边形和梯形的对角线,这样就把平行四边形和梯形的面积分别转化成两个等高的三角形面积之和,即面积就是底(两底之和)乘高除以2。有一个孩子提出能否求梯形的面积看做求三种图形的面积?平行四边形自然不用多说,刚刚孩子们明白两底之和乘高除以2,那三角形呢?我让孩子们大胆猜测:"三角形我们可以把它看做上底为0吗?"孩子们恍然大悟,(0+底)乘高除以2也就是底乘高除以2。数学的魅力就在于在千变万化中探索不变的规律。平行四边形、三角形、梯形等三种平面图形的面积,我只需理解其中一个面积公式,就可以推导出其他两个面积公式,孩子们借助几何直观理解、相互联系,课堂少讲几道题,这样的探索时间是值得的。教学过程中,出彩的是学生的思维,学生们走向前台,老师们退居幕后,我们要追求"课堂上老师讲着讲着老师就不见了"的课堂氛围感,而不是"课堂上老师讲着讲着学生不见了"。

在小学数学计算教学中,难的是讲明白算理,把算理和算法统一起来。什么是算法?从字面上看,算法就是计算的方法,即解决"怎样算"的问题;什么是算理?算理就是计算的理由,即解决"为什么这么算"的问题。在计算教学中,我们必须把算理和算法有机统一,以"理"驭"法",以"法"明"理"!以苏教版三年级上册数学"两、三位数除以一位数的笔算"为例,书本创设了"把46个羽毛球平均分给2个班,每个班分得多少个"的问题情境,在解决46÷2=?的过程中,同学们可以借助用小棒摆一摆,在头脑里想一想,用40÷2=20,6÷2=3,20+3=23这三种方法计算出结果。这三种想法有三个共同的地方:

1. 先分 4 捆小棒，每班分得 2 捆，即 20 根；或是先用 4 个 10 平均分成 2 份，每个班分得 20；还是 40÷2＝20，都渗透了"从最高位算起"。

2. 渗透了两位数除以一位数经历了两次分的过程。

3. 以上三种计算方法都是为理解算理埋下伏笔，做好充分铺垫，把分的过程和笔算过程统一起来，借助几何直观，理解算理。教学"笔算 46÷2"时，我们可以这样讲解：先分 40 个羽毛球，每班分得 20 个，2 写在十位上，表示 20，用商的 2 乘 2 个班，验算一下，即分了 40 个羽毛球，第一次分的过程结束；第二次把剩下的 6 个羽毛球继续分给 2 个班，每班分得 3 个，验算 3 乘 2 得 6，正好分完。把两次分的结果相加，即 23 则是我们的计算结果。计算过程需要让学生说一说，说说他们的想法。最巧妙的练习设计时课本中的"试一试 246÷2"，十位和个位的数字和前面例题相同，只是多了 200，把"两次分的过程"顺次迁移到"三次分的过程"，简直妙不可言，阅读教材，越读越有味！

举一反三的能力是在过程中培养出来的！最近一个月，班级的孩子有几个身体不舒服，在老师指导下进行自学，这次期末考试，几位生病在家里的孩子成绩也很优秀，可以看出能力不是教出来的，而是培育出来的。本次测试有一题是较复杂的平均数问题，这一知识点以前在人教版。告诉男、女生人数，男生的平均分 90，女生的平均分 85，最后求全班平均分是多少？我们孩子从以前的平均速度不是速度的平均迁移出平均分不是分数的平均，而应是总分数除以总人数。每一次上课，老师应该和学生一起经历知识形成的过程，甚至可以像数学家那样做数学、研究数学。在过程中我们可以多问问孩子，"你是怎样想的？还可以怎么样……"

针对分析,提高效率

我们怎么进行试卷分析？试卷分析应该基于问题、指向教与学的问题。分析应该从教师的教、学生的学、孩子的接受方式反馈方式、突出的问题进行分析。我习惯于把全体同学出现的问题汇总在一份试卷上，有时甚至会对学生的错误进行访谈，在访谈中了解学生的思考过程。我们可以在备课组进行横向分析，为什么某一题其他老师的得分率高，他（她）是怎样进行教学的？在分析中不要怕麻烦，否则在教学中会更麻烦！在分析中提高孩子举一反三、辨析理解、逻辑思维表达等学习能力。

我主张"教育的本质不是考试，也不是谋生，而是激发兴趣，鼓舞精神"。期末测试又快到了，我们的孩子是否在奋笔疾书、挑灯夜战、埋头苦练、跳进题海呢？有没有作业写得少但是学习成绩依旧好的情况？如何平衡作业量与学习成绩的关系？作业多和学习成绩成正比吗？如果我们的作业少，课余时间丰富，但学生综合能力强，那在统考比拼中平均分低零点几分又何妨。而有的学生为了提高几分，做了大量重复性、机械性、缺乏思维性的练习，这样的分数性价比是否有意义呢？小学阶段比分数更重要的是学习习惯和学习兴趣的培养，通过大量练习可以达到熟能生巧，也可以达到熟能生"厌"甚至可以达到熟能生"笨"。作为老师，复习阶段如何减负高效呢？首先注重学生平时的错题资源，分析错误原因，整理相关题型，注重举一反三，训练思维，利用好有限次的测试练习卷，做到题题分析、人人俱到。其次，抓住学科本质，即我们所教学科的灵魂性知识。小学数学的灵魂是计算和思维，小学语文学科的灵魂是阅读和语用；小学英语的灵魂是语用和思维……就数学学科而言，计算能力是基础中的基础，如果我们计算不过关，那么很多规律性的发现就无从谈起。总而言之，所有学科最终要体现思维的提升，注重思维品质的培养，即思维的灵活性、广阔性、批判性、独创性和深刻性等等，而抓住学科的本质是贯穿于我们教学的始终。最后，要想让孩子跳出题海，我们老师要先跳进题海，只有我们老师多见题、点成线、线成面，形成知识系统，在头脑中形成知识结构，才能将所学知识融会贯通，灵活运用。

如何正确看待孩子的分数？对于孩子取得高分数，我们需要勉励他，提出下一步努力的方向；对于测试不太理想的同学，需要和他一起分析原因，从错误入手，培养习惯、建立自信、激励他不断进步；对于中间段，鼓励他们，每天一个小目标，提高个人的自省自律能力。社会、家长、老师等需要转变"唯分数论"的评价方式，首先，比分数更重要的是独立思考，独立发现、提出、分析和解决问题的能力。学习遇到困难，不轻易求救他人，喜欢独自思考，喜欢刨根问底，成功解决问题过后又注重反思在解决问题过程中遇到的知识断层。其次，比分数更重要的是个人能力和学科精神，包括收集信息和整理信息的能力、质疑精神和批判精神，不人云亦云，通过独立思考有自己的见解和想法。中国教育史上有两个高峰时期，一个是春秋战国时期，涌现出大量的思想家、教育家……还有就是 20 世纪 30 年代，也出现了大量的思想家、科学家、文学家……被人称为"30 年代现象"。这两个阶段的教育有很多共性之处，注重培养人的批判精神、质疑精神、创新意识、理性精神等等。再次，比分数更重要的人性的培养。教育的终极目的是成人，这就需要最基本的自我生存能力、团结协作能力、奉献他人能力、与人相处能力、突发事情应变能力、终生学习的意识和能力……最后，比分数更重要的是享受学习的过程，淡化学习的结果。反观诺贝尔奖获得者莫言和屠呦呦的教育背景可以发现，学习的过程远比结果要重要得多！诺贝尔奖不是考出来的，而是通过学习探究过程"慢育"出来的，这离不开社会、学校、家庭和家长辩证地看待孩子分数，比分数更重要的是思考、能力、精神、过程和人性的培养。

成长比成绩更重要，思想比分数更重要。最近在课堂上我常常问孩子的两个问题："你是怎样想的""还有没有更好的方法"？小学五年级，我还不想让孩子过早地进行题海战术，我们需要给予孩子更多成长的机会，给予孩子更多的思考问题的权利。试问我们自己的课堂，您是否无情地剥夺了孩子思考问题的权利？教师的任务之一就是激发孩子不断思考的欲望，而不是把知识嚼碎，把方法给予，我们应该根据孩子的认知特点合理地帮助孩子，启迪孩子思考问题。说实话，如果我不是数学教师，我会认为数学知识离我非常遥远，但是处理事务的统筹兼顾无一不体现数学意识和理性精神。因此，教师需要培养孩子数学思考的意识和学习品质。有一天晚课，和孩子们聊起学习品质的话题，工厂生产的产品有质量、长度、样式等品质数据，而学习也有品质好坏之分，包括我们注意力的持久、思维的灵活、学习的严谨、批判性思考、倾听式接收信息等等都可以成为学习品质。

学科精神第一，成绩第二！期末考试刚刚结束，网上曾报道有老师因为班级成绩不理想而选择跳楼结束自己的生命,实在令人惋惜,这位老师留给家人和孩子是多么大的伤痛!我们学校曹总校长有一句话:"世界是多彩的,教育是多元的,学生是多能的。"如果这位老师能领悟这句话的内涵,可能是另一种结果。曾记得带过一位韩国学生,刚刚接班时他成绩不好,原因是刚来中国,中文理解不太好,不明白题目意思,在老师的鼓励辅导下,数学学科逐步进步,每次见到我总是对我说:游老师,我再也不怕数学了!前两年他告诉我考入北京大学了!在求学阶段,学习兴趣、习惯、学科精神要比学科成绩重要得多!一位老师教的班考试如果总考得好,要看他是否采用题海、强压、挤占其他学科时间甚至是学生的休息时间补课,这样的学科第一我们不要也罢。如果一位老师总是考第一,高效轻负担,学生认可,家长喜欢,教师群体声望高,比如我以前的同事周旭兵老师,这就值得我们去研究他们的备课、课堂的组织教学、课后的精准辅导、测评的科学方式等等。那么新的问题来了,班级和其他班级的差距是否缩小?孩子的兴趣是否提高?后进生的范围是否缩小?我们课堂的知识重难点是否讲解到位?从自身查找不足之处,及时改进教学方式,激发学习兴趣,才是我们需要多分析的地方。

第三辑

感悟名师

从实体性思维到生长性思维的转变

习近平总书记说:"一个人遇到好老师是人生的幸运。"在专业成长过程中,我遇到过许多好老师,他们给我引路,为我点灯。江苏省特级教师、苏州市教育名家朱红伟老师就是我众多师父中特别的一位。虽然我们之间没有正式的拜师仪式,但是他总是帮助我、鼓励我、启发我,逐步把我引进教书育人的神圣殿堂。

一、主体性思维的局限

有一次,朱老师听了我一节"树叶中的比",这是一节"综合与实践"领域的数学课。备课时我多次问自己:"这节课的教学目标是什么""如何达成显性教学目标的要求,即基础知识和基本技能""如何达成隐形教学目标的要求,即以知识技能为载体培养学生的数学素养和非智力因素"?我制定活动规则,学生依照我的规则而行动;我选择学习内容,学生适应学习内容,教学过程环环相扣、行云流水,达成了我课前设定的"刚性目标"。正当我感觉良好时,朱老师严肃地对我说:"教学过程可不能是教师一人的独白、设计和控制,教学活动在这个早已有了结论的完美设计中按部就班地进行,这样的教学'过程'只能是'流程',而不是'生成',更不是'生长'。你的课堂教学思维是典型的实体性思维,把知识当成客观存在的真理,教学就是带着学生学,是纯粹的求知活动。典型的实体性教学主要表现在:教师教、学生被教,教师问、学生答,教师做出选择、学生被选择,教师做出行动、学生通过教师组织的活动而行动,教学确定教学内容、学生适应教学内容……对于教师来说,高明的教学艺术应该从实体性思维走向生长性思维,即知识的价值不在于给人现成的东西,而在于提供不断创造的生长点。对于学生来说,学习不再是被动地接受,而是通过师生、生生、师生与教材文本之间的交往和互动达成师生对话、合作、思维碰撞之中的知识生长。"从朱老师的话语中我感悟出:知识的价值不在于给人现成的标准答案,而在于给社会的未来主体(学生)不断创造生长的机会,包括数学知识、数学人文与数学精神的生长。我们常常说学生是学习的主体,学生的主体性在于享有充分思考、表达的机会和权利。数学教师应该通过开展积极、平等的对话,调动学生的积极性,有效激活学生的数学思维。朱老师又提出他的导入改进建议,比如在"树叶中的比"这一教学案例中,我们可组织学生欣赏一组同学们画的柳树树叶,启发学生为什么有的树叶画得非常像,有的又不像呢?原因在于所画的柳树树叶长和宽的比最接近真实树叶长和宽的比,为第三学段相似比知识的学习进行铺垫。听完建议,我感叹道:"我怎么没有想到""我怎样才能想到"等问题。

二、生长性思维的表达

朱老师的话使我对数学教学、儿童和发展有了更清晰的认知,正如古罗马教育家普鲁塔克所说:"儿童的心灵不是一个需要填满的罐子,而是一颗需要点燃的火种。"教师要善于多层次地解读教材,由易到难、由浅入深,把握教学内容的显性目标和隐形目标,目标清晰准确,并品读出数学知识之间的联系和区别。数学知识的教学,要关注知识的"生长点"与"延伸点",注重知识的建构和生长过程,把相对独立的数学知识点置于数学知识发展史与整体知识体系中,使局部知识与整体知识建立沟联关系,引导学生把握知识的整体性与结构性。著名儿童心理学家朱智贤认为:"小学生思维是由具体形象思维逐步向抽象逻辑思维过渡。"在实际教学过程中,我们要借助直观,或动作直观、或文字直观、或图形直观,充分考虑学生的认知发展水平和已有经验,从简单到复杂,从具体到抽象,由扶到放再到收,不断完善富有层次性的数学课教学。数学教学除了符合学生的认知顺序之外,我们还必须考虑数学知识的序,不断促进儿童发展。我们要遵循循序渐进与促进发展相结合原则,这一原则是指教学既要按照学生身心发展及学科知识演进顺序进行,又要尽可能地促进每一个学生的发展,正确处理学生现有的发展水平与可能发展水平之间的关系。因此,要正确认识和科学评估学生现有发展水平及其潜在的发展可能,科学合理地组织教学,以促进每一位学生都能得到发展。

三、实体性思维向生长性思维的转变

如何走向生长性思维,着眼点在于改变我们的教学设计观、教学师生观、教学目的观和教学评价观。朱老师给予了我细微的指导,并对我讲解了三个原则:为学而选、为学而教和为学而评。

为学而选是在教材处理上我们要注重有效性、整体性和丰富性。生活中有教育,我们可以从生活实际中选取合适的素材供学生学习,并使学生的课堂生活与实际生活状态相一致。教学资源的选择应简洁、丰富,各类资源形成一个有机整体。在教学过程中,我们要关注教学环节的整合,切忌重复。如在新授部分倡导简洁,在练习部分提倡素材的丰富,又如在"统计与概率"领域,我们选择身边的生活素材,让学生整体经历收集、整理、描述和分析数据的全过程,体会到统计的价值,在激发统计需求的基础上感悟统计思想方法。

为学而教是在教学方式的处理上,如何把握直线推进和螺旋上升的尺度?如果是陈述性知识则采用直线推进的方式;如果是程序性知识则采用螺旋上升的方式。我们要思考知识的"生长点"和"延伸点"在哪里?教学中的行云流水和磕磕绊绊,哪一个更有利于教学?如何在教学过程中制造思维冲突来触发学生的数学思考?这些问题朱老师一一抛给我,并进行深层次的交流。

为学而评主要探讨课堂教学评价。朱老师特别提到如何进行课前交流、课中过渡以及课后总结。他把多年听评优课的心得和我一起分享,现在很多课堂常常以"同学们,通过学习你有什么收获"为结束语。他给我算了一笔账,作为评委老师,一天听十几遍都会产生乏味感,作为学生,年年岁岁每节课都以"你有什么收获"来结束,学生会不会更厌烦?他提出总结也要有数学味道,逐层逐步进行课后小结,形式可以多样,如用一个综合性的问题解决。

"为学而选、为学而教、为学而评"三个原则告诉我教学应从关注教师的教走向学生的学;从关注教师的独白走向师生、生生的对话;从关注实体性思维到生长性思维的转变。

朱老师的这些话一直深深地影响我,改变我的教育目的观、过程观、师生观和评价观。在近20年的教学经历中,有朱老师的鼓励和引领,我从一名师范生成长为一名教育学博士,从一个初级教师成长为拔尖破格为中小学高级教师,从一个乡村教师成长为骨干教师、一所外国语学校校长。

有朱老师这样的人生导师真好!

错若化开,成长自来

——听华应龙老师《我不是笨小孩》有感

有幸聆听特级教师华应龙的一节五年级数学课《我不是笨小孩》,一节简约不简单的年龄问题练习课,华老师设计巧妙,关注学生在练习过程中的一题一得,甚至是一题多得。华老师的大气和智慧、师生之间的灵动交流以及学生借助图形分析数量关系的数学能力获得进一步自然生长,都给我留下了深刻印象。

出示习题:

师父对徒弟说:"我在你这年龄时你才5岁,你到我这年龄时,我就71岁了!"请问,徒弟和师父各几岁?

教学片段一 尊重儿童,教学始于需求

师:一道难题摆在面前做不出来,我们该怎么办?

生:自主尝试,独立思考。

师:做不出来的困难在哪里?

生:我们不知道徒弟和师父的年龄差是多少。

师:我们可以举一个例子,如果你12岁,你爸爸42岁,两人的年龄差是多少?

生:30岁。

师:当你42岁时,爸爸就72岁,可以用图表示。

师:做不出来,还可能会因为什么?

生:题目没有读懂。

师:哪一句没有读懂?

生:"我在你这年龄时你才5岁,但你到我这年龄时,我就71岁了!"

师:让我们多读几遍,题目的意思就自然清楚了。徒弟5岁,师父多少岁?当徒弟长到师父这么大时,师父就71岁了,这里什么没有改变?

【片段赏析】教师有什么样的儿童观,就会有什么样的教育观。如果教师把儿童视为接受者,教育就始于灌输;如果教师把儿童视为探索者,教育就始于唤醒;如果教师把儿童视为发现者,教育就始于自然生长;如果教师把儿童视为生命个体,教育就始于尊重交往。课堂中,华老师把学生视为探索者、发现者和具有能动发展的个体,通过鲜活的教学情境和灵动的教学过程引发学生的数学思考,学生沉浸在学习的乐趣之中。在日常学习中,学生遇到难题是再正常不过的事,但作为教师,我们不仅仅要教给学生数学知识、提高数学能力,还要培养学生分析问题的方法和解决问题的策略。爱因斯坦曾说过:"在你离开学校后忘记了学到的一切,最后剩下的就是教育。"教师教会学生的解题技巧、数学知识、概念公式等等,学生毕业没有多久就会忘记,但是留给学生看问题的着眼点、思考问题的方法、解决问题的策略会让他们终身受益。课堂上,华老师尊重学生珍贵的好奇心,即探究未知事物的强烈兴趣,以及在探究中所获得的喜悦和满足感。有一位学生在写出自己想法的时候,华老师和他商量能不能暂时不说,尊重其他学生的思考权利,同时也给予他们独立思考的自由。华老师善于激发学生、启发学生,当学生遇到不太懂或不明白的地方,"我们多读一读,思路就清楚了,多画一画题意就理解了。"教学过程中,鼓励学生敢于尝试,审清题意过程中教会学生方法。

教学片段二——投石问路,能力自然生长

师:让我们进入时光隧道。先画一条直线,在直线上我们先标出 5 岁和 71 岁,用两个小磁铁分别表示师父和徒弟的年龄,这两个磁铁应该放在哪里?我们还可以举个例子。

生1:我举的例子是,徒弟 5 岁时,师父 30 岁,他们的年龄差是 25 岁,当徒弟变成 30 岁时,师父 55 岁;当徒弟 55 岁时,师父就是 80 岁,比原题中的 71 岁要大,我们需要往小一点调整。

生2:我举的例子是,徒弟 5 岁时,师父 25 岁,他们的年龄差是 20 岁,当徒弟变成 25 岁时,师父 45 岁;当徒弟 45 岁时,师父就是 65 岁,比原题中的 71 岁小,我们需要往大一点调整。

师:列举的例子从左往右看,有什么规律?你还能发现什么?

生:每一次举例假设,我们都发现了 5 岁和 71 岁之间有三个年龄差。

师:学习中我们遇到困难,要勇于投石问路,勇敢去尝试。

生:(独立思考,并汇报方法) $71-5=66(岁)$,$66÷3=22(岁)$,徒弟年龄:$5+$

22＝27(岁),师父年龄:27＋22＝49(岁)

(教师展示其他方法:列表法和方程法)

【片段赏析】小学生的思维是由具体形象思维逐步向抽象逻辑思维过渡的。在教学中,当学生不理解题意,找不到5岁和71岁这两个数量之间的关系时,华老师一句"让我们走进时光隧道",进入举例画图分析数量关系。举例画图由简单到复杂,从具体到抽象,由扶到放再到收,教学过程符合学生的认知顺序。特别地,华老师在教学过程中善于借助直观,如语言直观、图形直观等,组织学生开展探究、操作、观察等活动,引导学生深入思考,从中分析、判断、概括、运用,达到抽象水平,不断完善富有层次性的数学课,越是简单的方法越是有用的方法。在华老师的数学课上,教材不再是学生的整个世界,整个世界都可以成为学生的学习素材。华老师在和学生的对话中,借用"书读百遍其义自见"的经典名言,教会学生遇到不懂的关键句时可以多读;在问题解决过程中,鼓励学生勇敢地去"投石问路",即运用策略;在举例验证数量之间的关系时,提出"题试三四、定能生慧"。华老师在问题解决的过程中启发学生进行哲学思考,丰富学生的数学情感体验,从关注知识与技能目标的达成,转向关注学生的数学素养,关注学生的实践体验。学生在画图举例的过程中建立了解决年龄问题的问题模型,把形象的图形和抽象的数学模型联结起来,数学联结的目的是从不同角度审视知识,赋予知识以现实背景,形成联系丰富的知识模块,使得知识节点具有"繁殖力",最终产生一种关联性的、内聚的知识整合力量。华老师在课堂中经常问学生"什么变了?什么没有变?你是怎样想的?"这几个问题,积极为学生创设思考的时间和空间,让学生在思考的过程中发展。在对话中尊重学生,发现儿童思考的独特之处,正如华老师所提倡的"让学习像呼吸一样自由",让学生享受学习,体验学习的乐趣。教学过程中,华老师没有停留在举例画图策略上,呈现了列表和方程另外两种方法,注重学生的数学思维的发展。整个探索过程,正如课前教师要求学生那样"暂时不说",教师也做到"暂时不说",让学生去探索、去发现、去表达、去调整、去验证……华老师在课堂上以学生为中心,以学生的学习为中心去设计、实施、评价,使每一位学生在原来水平的基础上都获得提高。

教学片段三——长效化错,培养理性精神

师:(展示一位学生的想法)66÷2＝33(岁),徒弟年龄:33－5＝28(岁),师父年龄:28＋33＝71(岁)。他错在哪里?错得好,好在哪里?

生:首先最后一步计算错误,其次他对年龄差的个数理解不正确。

师：你现在会改正吗？

【片段赏析】华老师的课不避讳学生出现差错，相反因学生的出错而精彩，教师和学生正确面对这些差错，从差错中悟出道理，有所收获，一节课才更有思考的味道。正所谓"正确的，总是千篇一律；差错的，总是多姿多彩"。华老师注重培养学生对于差错的正确态度，即数学的理性精神，化错教学研究有三个过程，即"错的好""多飞一会"和"拾起来"。学生对待错误的正确态度不仅要分析思考错误的原因和改进方法，还要进行思维对话，经常问问自己："问题出在哪里？为什么错了？会不会有新的可能？还可以有新的问题吗？"在自我对话过程中鼓励学生回顾与反思，深化学生对数学本质的理解，培养学生严谨的理性精神和从错误中学习的良好品质。最后学生找到了出错的原因，反思了问题解决的过程，加深了对数量关系的理解。教师在课堂上坚守能力本位要求，着眼于培养学生终身发展的关键能力，包括学生的认知能力、合作能力、创新能力和应用能力。

总之，华老师的数学课堂师生平等、氛围和谐、互动良好。年龄问题的数学练习课，教师在与学生积极互动交往的过程中注重培养学生的理性精神、数学思想方法、数学研究方法和看问题的着眼点，以知识为载体提升学生的数学素养，站位高，效果好，富有实效性和长效性。

课改从改课开始

——听华应龙老师《买比萨的故事》有感

我曾经有幸聆听了全国著名特级教师华应龙老师六年级"圆的面积练习"课——《买比萨的故事》,教师给予学生充分的时间和空间,经历思考、计算、比较、验证、解释"8寸比萨加上4寸比萨比12寸比萨小",经历"化错化人"学科育人过程。全课以"真的吗,为什么,还能怎么样?"三个问题,教师点拨追问,启迪智慧。正如华老师所说:"牵手差错思且行,前方自有新风景。"好课只有细细咀嚼,方能品出独特滋味。

一、对话,从生活走向数学

课堂片段1

出示买比萨的故事:一位朋友点了个直径12寸的比萨,一会儿服务员客气地端来2份比萨说:"12寸的比萨没有了,给您一份8寸的和一份4寸的吧。"朋友客气地请服务员叫来老板,并对老板普及了求圆面积的数学公式是$S=\pi r^2$,其中$\pi \approx 3.1415926$,12寸比萨的面积约等于113.09平方寸;而8寸比萨的面积约等于50.26平方寸,4寸比萨的面积约等于12.57平方寸,2个的面积加起来约是62.83平方寸。老板无语,最后又给了我朋友2个8寸的比萨,并竖起大拇指夸奖道:"中国人厉害,中国人的数学真厉害!"

师:有问题吗?同桌交流并全班分享。

生:8寸的比萨和4寸的比萨加起来为什么小于12寸的比萨?

生:后来老板又给2个8寸的比萨,2个8寸的比萨是不是就等于12寸的比萨?

……

(板书:真的吗? 为什么?)

【片段赏析】"生活即教育"。现实生活多彩且复杂,有大量的数学问题和教育资源。华老师积极开发教学资源,以现实购物情境为切入点,引领学生从生活走向数学。通过联系生活实际选择合适的素材供孩子们学习,使学生的课堂生活与实际生活状态相一致。也就是说,密切联系现实生活展开对话教学设计,从封闭的课本和教室走向开放的生活。古罗马教育家普鲁塔克认为:"儿童不是一个需要填满的罐子,而是一颗需要点燃的火种。"教师有什么样的儿童观,就有什么样的教育观。华老师尊重学生的好奇心,即探究未知事物的强烈兴趣以及在这探究中所获得的喜悦和满足感,他把儿童看做探索者、发现者和创造者,平等、尊重与学生对话,启发学生从数学情境中发现问题、提出问题。"你有什么疑问""有什么发现""还能发现什么"在一步步启发追问下,学生在学习过程中不再是一个"旁观者",而是深入问题情境主动探究的"当局者",突出了学生主体地位。在华老师鼓励下,学生提出了"8寸的比萨和4寸的比萨加起来为什么小于12寸的比萨""后来老板又给2个8寸的比萨,2个8寸的比萨是不是就等于12寸的比萨"等有价值的数学问题。

二、化错,从误解走向理解

课堂片段2

师:除了用计算的方法,还有不同的方法吗?

生:8寸、4寸和12寸的直径之比是2∶1∶3,所以半径之比也是2∶1∶3。然后根据圆的面积公式 $S=\pi r^2$,它们的面积之比就是4∶1∶9。而4+1<9,所以8寸和4寸的比萨加起来的确小于12寸比萨。

师:4份加1份确实小于9份,再给几份就一样了?

生:再给4份,也就是再给一个8寸比萨就可以了。

师:最后老板又给了2个8寸的比萨,真大气!先计算,再比较,还有什么方法也能来验证解决这个问题?

生:可以画示意图,(出示图3-1)因为8+4=12,所以可以这样摆一下子就比出来了。

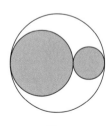

图3-1

师:一目了然,确实8寸和4寸合起来比12寸的小多了。孩子们,以后碰到数的问题,我们可以用形来解决。8寸比萨加4寸比萨,小于12寸比萨,可是8+4等于12,4+2也等于6,怎么它们的面积整个就小了呢?(板书:$4^2\pi+2^2\pi<6^2\pi$)这是为什么呢?(学生独立完成后全班交流。)

生:可以先不看π,也就是 $4^2+2^2<6^2$,$4^2=4+4+4+4$,$2^2=2+2$,$4^2+2^2=6$

+6+4+4,它们合起来也没有 6 的平方大,所以 8 寸和 4 寸的合起来也没有 12 寸的大。

师:我刚才看到他这么写的时候,心里太佩服了。

生:我是用画图来解释的,(出示图 3-2)从图上可以看出 4 的平方加 2 的平方小于 6 的平方。

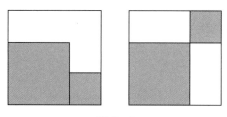

图 3-2

师:太厉害! 4+2 是等于 6,那是一维世界的故事。4 的平方加 2 的平方小于 6 的平方是二维世界的故事了。原来一维世界里的变化引起二维世界的变化,那是不一样的。所以我悟出了一句话,"白天不懂夜的黑,一维难知二维的二"。

师:刚才我们用多种方法研究、验证了"是真的吗"这个问题。你有什么感受?

……

【片段赏析】"化错化人即教育"。在轻松自如的氛围中学生通过"计算、画图、模型构建"等方法自由表达对"8 寸的比萨和 4 寸的比萨加起来为什么小于 12 寸的比萨"这一问题的理解。华老师设身处地启发学生的数学理解,而不只是简单地评定学生的解题步骤,通过多种可行的方法解决同一个问题,并讨论每一种方法的优点与不足,帮助学生深入理解有关"圆的面积"的数学知识。教学中教师支持学生的数学理解及程序流程,关注学生的思维,指导学生在讨论中提供与他人分享的机会,师生形成一个"数学交流学习共同体"。哈佛德爱科尔斯与其同事描述了"数学交流学习共同体"的四种水平,水平四叫"数学交流",在这个水平,学生共同承担与教师交流的责任,证明自己观点正确,提问并且帮助其他学生。华老师常说:"让错误多飞一会儿""牵手差错思且行,前方自有新风景"。如果错误悄悄出现了,老师让学生想象一张图或实际画一张图,这样多数错误就由学生自我纠正了。让学生的思维看得见摸得着的一种重要方法就是借助几何直观,画图可以为教师提供走进学生思维的窗口,提供如何更好地帮助学生沿着一条学习途径实现有效率地解决问题的信息。教学中从一维图到二维图,简单明了得解释了 $4^2+2^2<6^2$,为中学学习完全平方公式打下基础。从关注答案的对与错到错误答案的自主修正,从"哪错了"到"为什么错"并改正它,学生的认知机能提高了,学会了提出问题、批判性思考、反思和评价自己的学习、阐释自己的观点、理解他人的看法……从误解走向理解,从化错到化人,有效落实立德树人的学科要求,提高学生发现问题、提出问题、分析问题和解决问题的能力。

三、思考,从封闭走向开放

课堂片段3

师:回到开始的问题上,你有新的问题吗?

生:故事里主要讨论的是面积,其实比萨是有厚度的。

师:8寸比萨、4寸比萨和12寸比萨,它们的厚度一样吗?

生:有可能一样,但也有可能不一样。

师:如果不一样的话,这又是个什么问题?

生:是体积问题。

师:吃过比萨的同学都知道比萨的翻边非常脆,十分香,如果一个喜欢吃翻边的人,遇到没有12寸的,给个8寸和4寸的,他是亏了还是赚了?

生:这是个比较周长的问题!

生:万一有人不喜欢吃边上的,只喜欢吃里面的,这时他就只要关注里面的面积或者体积问题了。

师:上完这节课,同学们有收获吗?

生:一个问题不只有一种方法,要用各种方法去验证。我们需要大胆地去猜测、去思考,然后再算一算,要举一反三。

师:"举一反三",这个词用得好。

生:思考问题我们要从多方面去思考,还要实践。

生:不要总将思维固定在一种方法上,也要尝试用几个新的方法去探究。

师:确实,我们有很多的收获,那么,我们的收获是怎么来的?

生:思考。

师:思考从哪来?

生:思考是从生活中来的,从服务员的差错而来。

师:今天这节课和同学们分享一句话,"牵手差错思且行,前方自有新风景"。

【片段赏析】"教是为了不教"。当前,课改进入立德树人、培育学科核心素养的关键期,课静悄悄地发生改变,课程改革随即发生静悄悄的变革。华老师的课不避讳出现差错,相反由于错误而精彩,老师和学生正确面对这些差错,从差错中悟出道理,有所收获,课才更有思考的味道。华老师说:"差错的价值并不在于差错本身,而在于师生从中获得新的启迪。"启迪何来?启迪来自思考,在问题解决的过程中启发学生的哲学思考,将知识联系结合起来,从而弄清楚事物的含义,丰富学生的数学情感体验,关注学生的数学体验。从一维到二维、从"圆的面积大小问题"到"比萨是有厚度的,圆柱体积大小"再到"喜欢吃比萨的翻边,周长问题"又回到"面积或体积问题",教师设计巧妙,关注学生在学习过程中的一题一得、得得相连。学生的学习不是一个封闭的领域,应该从封闭走向开放。学生的学习应该具有敏锐的洞察力,有缜密、灵活地处理事情的能力,有自我评估、解释和评判的能力,更有举一反三、认知迁移的能力。随着学习化社会的到来,学生的学习应置于一定的社会、经济和文化背景之中,着眼营造有利于人的全面发展的育人氛围,实现"前方自有新风景"的人的发展,乃是教育和文化的最终目标。

心中有数无限好

——华应龙老师"阅兵中的数学故事(2019)"片段赏析

前段时间在首都师范大学上课,师父华应龙老师忽然在工作室群里留言:明天我将上2019版"阅兵中的数学故事",有空的小伙伴欢迎前来听课研讨。这是一节六年级"综合与实践"领域的课,以新中国成立70周年阅兵式为背景,也是纪念抗日战争胜利70周年阅兵式课例的升级版,笔者对于华老师不断叩问数学教育的树人情怀、追寻培养什么样的人的哲学视角由衷钦佩。华老师给予学生充分的时间和空间,经历师生对话、数学思考、走向理解、文化拓展、情境模拟等过程,串联"为了神圣的那一刻""为什么是6米""如果我来解说东风—41"三个数学故事,展示出"心中有数"的学科育人理念。

一、对话中有数

课堂片段1:为了神圣的那一刻

(课前观看阅兵式。)

师:看过阅兵式吗?你觉得怎么样?

生:美、整齐、震撼……

师:今天我们走进阅兵式中的三个数学故事:"为了神圣的那一刻""为什么是6米""如果我来解说东风—41"。如果要解决"海军方队通过检阅区需要多少时间",需要哪些条件?

生1:速度、路程。

生2:检阅区的长度,方队的长度。

师:同意吗?检阅区的长度是天安门前东西两个华表之间的距离,有谁知道长多少?

生:96米。

师:为什么要知道方队的长度?

生:一共走过的路程等于检阅区的长度加上方队的长度。

师：那为什么要加上方队的长度？

生：因为从第一排到最后一排完全通过，才算是通过了检阅区。

师："完全通过"这个词用得好，相当于以前学过的什么问题？

生：火车过桥问题。

师：火车过桥问题要知道桥的长度和火车长度，这里方队的长度就相当于什么？

生：火车长度。

师：学习就是把新问题转化为我们熟悉的问题。

师：现在我们知道要求方队通过时间，需要知道方队的长度。那方队的长度到底是多少呢？这就是我收集到的原始数据：将军脚尖到第一排脚尖6米，后面14排都是前一排跟到后一排脚尖0.9米，脚长0.3米。

师：可以算出方队多长吗？可以用计算、画图等策略进行解决。

生：独立思考，并找好朋友交流解题思路。

师：谁能说一说你是怎样想的？

生：6＋14×0.3＋(14－1)×0.9……

师：谁理解这个算式的意思？

生：我是借助线段图来理解的，我把方队分成三类，将军脚尖到第一排脚尖是6米，14排的脚长14×0.3，14排有(14－1)个间隔，总长度就是把这三部分合起来。

师：有没有不同意见？为什么要减1？

生：我把它转化成植树问题，间隔数比棵数少1。

师：这样算下来，方队的长度是21.9米。方队行进速度呢？问别人还是自己研究？

生：自己研究！

师：妙！士兵每分钟走112步，每步75厘米。你能求出速度是每秒多少厘米吗？

生：用112×75÷60＝140（厘米/秒）。

师：高铁速度为250千米/小时，请折算出是多少米/秒。

生1：0.069米/秒。

生2：69.4米/秒。

师：哪个对？为什么？

生：1秒才走0.069米，那不是蜗牛吗？与现实不符，他把千米当成米了。

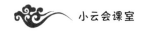

师：现在你能计算出通过检阅区的时间吗……

【片段赏析】史宁中教授曾说过："数学教育的目的是学生通过学习会用数学的眼光观察世界；会用数学的思维思考世界；会用数学的语言表达世界。"这也是核心素养的数学学科表达。"阅兵中的数学故事"告诉我们数学课可以从教科书跨越到现实生活，通过现实生活选择合适的素材供孩子们学习，密切联系现实生活开展教学设计，从封闭的教科书和教室走向开放的现实生活，启发学生思考数学问题。"阅兵中的数学故事"还告诉我们：心中有数，无限美好！眼中有人，万分美好！这里的"数"，不仅是数字、数学，更重要的是数学活动、数学思维、数学意识、数学品质、数学理解、数学精神和思想方法……这里的"人"不仅是当下的学生个体，更重要的是全面人、人的素养和发展、理性人和未来人……在华老师的眼中处处有数学，处处是数学，聚焦"方队经过检阅区需要多少时间"这个现实问题，学生抽取数学元素、提取数学信息：方队的速度、长度以及检阅区的长度。在问题解决过程中华老师给予学生充分的时间和空间，允许学生尝试、甚至犯错，不断积累问题解决的经验，培养学生发现问题、提出问题、分析问题和解决问题的能力。全美数学教师协会认为数学知识的客观性要求，任何个人的理解只有获得共同体成员的认可才具有意义，而且，也只有得到了共同体的认同，个人的理解才能获得进一步的发展。学生自觉运用画图的策略去分析数量关系，并在华老师"独学而无友、孤陋而寡闻"的鼓励下进行交流合作，达成数学理解。学生就是在交流、反思、讨论、修正、化错的过程中形成自己的数学理解。

二、对话中有美

课堂片段2：为什么是6米

师：理解了几个常见的速度，又计算出通过检阅区的时间，我还发现了一个问题，将军和第一排的距离为什么是6米，而不是7米或其他距离呀？和每步的长度有关系吗？

生：6米是75厘米的8倍，正好是8步。

师：这有什么妙处呀？

生：间距6米，将军踩在线上，走8步，第一排也正好能够踩到线上。

师：让我们一起来看看。（出示视频）

生：哇！

师：奥秘在于起点在线上，"数"背后就有了秩序美，正如一位哲学家说过：哪里有数,哪里就有美……

【片段赏析】爱因斯坦曾说过:"旧学校给学生太多的好胜心,却很少培养学生的好奇心。"学生都有接触新事物的倾向,寻求新的事物,并且不断主动扩大经验的范围。这些各种不同的倾向,概括起来就是好奇心。好奇心和疑惑都是科学和哲学的创造者,学生的头脑不是一个等待填满的容器,而是一只等待燃烧的火把。《数学课程标准(2011版)》对"综合与实践"有这样的描述:"综合与实践是一类以问题为载体,以学生自主参与为主的学习活动。"华老师在这节课中借助阅兵情境提出了一系列的"问题串":"为什么是6米而不是7米""我不说谜底,你们自己想""阅兵中的数学故事,心中有数更加美好",一系列的引导和启发,培养的是独立思考和判断的总体能力,而不是获取特定的数学知识的能力。为什么是6米?从思考到计算,再到视频画面验证,发现数学的秩序之美、精确之美。这正如伽利略所说:"数学是上帝的语言。"同学们的一句"哇",发现了生活中的数学之美,而这种美的创生和发现都离不开数学眼光。

三、对话中有人

课堂片段3:如果我来解说东风—41

出示视频:东风—41视频。在受阅地面方队压轴的战略打击模块中,首次亮相的东风—41核导弹方队彰显了我国最先进最具有威慑力大国长剑的重要地位。东风—41洲际战略核导弹是我国战略核力量的中流砥柱,是战略制衡、战略慑控、战略决胜的重要力量……

师:这次阅兵式还展示了大国重器的威力,这就是中国先进洲际核导弹东风—41,有人知道它的速度是多少吗?

生:我课前查到的数据是3万千米/小时。

师:地球的赤道周长大约多少?

生:4万千米。

师:也就是1小时多一点点就可以绕地球赤道飞行一周。北京到华盛顿的距离大约1万千米多一点,如果进行核防卫,需要多长时间?

生:20分钟左右。

师:你能计算出它每秒飞行多少米吗?

生:8333.3米/秒。

师:飞机的速度大约是800米/秒,比较一下东风—41和飞机、高铁的速度,你有什么体会?

生:哇,太快了!

师:请再思考一下,请你来解说东风—41,你能一个接一个地报数据吗?解说需要考虑什么条件?

生:语速、东风—41通过检阅区的时间……

【片段赏析】文化教育学家斯普朗格认为:"教育绝非单纯的传递,教育之为教育,正是它是一个人格心灵的唤醒,这是教育的核心所在。"华老师始终把"立德树人"作为学科教学的根本任务,在东风—41原文介绍的时候华老师特别说明是防御速度3万千米/小时,渗透爱国主义教育和不称霸不扩张不结盟的中国声音,跳出数学教育进行学科德育育人。在教学过程中,"学为中心"教学理念体现得淋漓尽致。以学生、学生的学习活动为中心,教服务于学生的学,充分凸显学生的学习主体地位。教师和学生的关系不再是以知识为中介的主体对客体的单向灌输关系。华老师和学生是一种教学对话关系,对话过程中呼唤人的主体性,尊重人的生命意义和价值。华老师基于学生已有认知及经验,给予学生更多自主建构和体验的机会,开展思维性学习活动,进行情境预设,通过"如果你是主持人,你会怎样进行解说东风—41"这一开放性问题的交流,为学生的探究、反思、表达提供土壤,关注学生数学能力的培养。教师传递给学生的不再是静态封闭的知识,而是动态、开放、生成的数学能力。这种能力在学生离开学校后最终能剩下来、带得走、可再生,这种能力对现代公民的生存生活不可或缺,是在数学活动中通过对数学知识的自主探索和创生而发展起来的。在数学知识的积累,方法的掌握、运用和内化的过程中,学生以数学的视角去发现问题,用数学的思维去分析问题,用数学的方法去解决问题。

"数学教育什么""教什么和怎样教""学什么和怎样学"等一系列的问题都值得我们去再思考,在思考中不断提升我们的课程观、教学观、目标观和学生观……

高观点,小学数学教学的时代追求

——周卫东老师"分数的意义"片段赏析

近日,有幸聆听了全国著名特级教师周卫东老师一节五年级数学课"分数的意义"。教学过程中周老师不断点拨追问,给予学生充分的时间和空间,经历回忆、比较、辨析、变式等过程循序构建"分数的意义",培养学生分析、综合、抽象、概括的能力,发展数学思考。正如周老师所说:"高观点立意,小口径切入。"好课只有细细咀嚼,方能品出独特滋味。

一、高观点关注以学生为中心

课堂片段 1:

师:这节课我们研究什么内容?

生:分数的意义。

师:三年级时,我们两次认识分数,下面来检验一下同学们前面学得怎么样?

师:(板书 $\frac{3}{4}$)认识吗?它表示什么含义呢?咱们换种方式,不用语言表达,拿出你的小纸片,画一张图来表示 $\frac{3}{4}$ 的含义。

师:让我们来欣赏几幅作品。

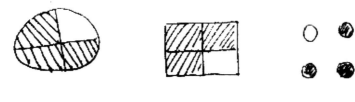

图 3-3

师:(指最后一幅图)对于这幅作品,大家有什么好的建议?

生 1:这里的 4 个圆应该加上一个圈,更容易让我们看出"1"在哪儿。

生2:看不出分的痕迹。

……

【片段赏析】周老师基于课程内容标准和学生已有经验,按照学生的认知规律,包括年龄及成熟程度进行教学,从顺应教材原有编排的内容结构走向基于学生发展的数学思考,整体思考与设计教学。儿童被看做是由目标指引、积极搜索信息的行动者,他们带着丰富的先前知识、技能和概念进入课堂,而这些已有的知识极大地影响着儿童对周围环境的关注以及组织环境和解释环境的方式。学生带着分数的前概念进入课堂,教师如果忽视学生对分数的初始观念、观点,他们获得的理解可能与教师预期的想法大相径庭。如果学生的初期理解没有被卷入其中,那么他们也许不能掌握所教的新概念和信息,否则学生会为了考试的目的而学习知识,但仍会回到课堂之外的前概念。学生对于分数已有初步的认识,课的一开始周老师唤醒学生的已有经验,请学生画一张图来表示$\frac{3}{4}$的含义,画分数的过程有效唤醒学生对分数的认识,来源于学生的分数作品点燃了学生探究新知的学习欲望。在师生共同欣赏分数作品的过程中,对于$\frac{3}{4}$的不完整表达(如图3-4),学生上展台修改(如图3-5、图3-6),首先通过画圈,让大家更容易看出单位"1",然后增加2条虚线,让我们一眼看出平均分成4份,教师帮助每个学生对于"研究分数的过程中,前提是要平均分"达到更成熟的理解。建构主义认为不管如何教一个人,所有的知识是基于已有的知识而建构起来的。许多证据表明,如果教师关注学习者带到学习任务中的已有知识和观念,将这些知识作为新教学的起点,并在教学过程中监控学生概念的转化,那么就可以促进学习。再比较三幅作品画法不一样,却都能表示四分之三,有什么变与不变的地方?这一过程凸现出只要"把1个整体,平均分成4份,取其中3份",就能用分数$\frac{3}{4}$表示。

师生在欣赏分数作品的过程中学生学习兴趣浓厚,积极合作、主动探究对$\frac{3}{4}$这一特殊分数的理解,从一个图形、几个物体组成的一个整体、一个计量单位迁移到单位"1",从$\frac{3}{4}$的意义到具体情境中多个分数的意义,最后抽象出分数的意义,培养学生的抽象概括能力,发展学生的数学思考,充分体现了周老师以学生为中心、以学生的经验为中心、以学生的活动为中心的教学设计理念。

图 3-4　　　　　　图 3-5　　　　　　图 3-6

二、高观点倡导对话教学方式

课堂片段 2：

师：其实一个物体、一个计量单位、许多个物体组成的一个整体，它们有一个共同的名称，称作单位"1"。回顾一下，单位"1"有哪几种类型呢？

生：单位"1"有一个物体、一个计量单位、许多个物体组成的一个整体三种类型。

师：你还能再举一些单位"1"的例子吗？

生：一群牛。

生：全校学生……

师：理解了单位"1"，谁来再说说 $\frac{3}{4}$ 的含义呢？

生：$\frac{3}{4}$ 表示把单位"1"平均分成 4 份，表示这样的 3 份。

认识了几个具体情境中的分数之后。

师：同学们能不能概括一下：究竟什么是分数呢？

生：把单位"1"平均分成 x 份，表示其中的 x 份。

师：很强的符号意识，如果用文字表示呢？

生：若干份。

师：真有预见性。

师：表示这样的……用什么词好呢？

生：1 份或几份。

师：你是怎么想的？

生：因为把单位"1"平均分成若干份，表示的可以是 1 份，也可以是几份。

……

【**片段赏析**】教师和学生的关系不再是以知识为中介的主体对客体的单向灌输关系,不再是"教师选择内容,学生(没人征求其意见)适应学习内容"的规训关系,而是一种教学对话关系。教学过程看做人和文本、教师和学生、学生和学生之间的对话。现代教育观的教学,把教材看做对话的"文本",教学就是人与文本的对话,包含师生和教材、教师和学生、学生和学生对话,在对话中创生学习内容。通过分数意义整体分析与重构,指向学生把握数学结构,打破按部就班的传统教学方式,实现"用教材教"而非"教教材"。周老师针对学生好奇的心智特征,教学设计立足于学生心智发展需要和认知发展水平,对教材资源开发、利用、重构及整体设计,满足学生数学思维发展的需要,设计灵活多样的教学对话,尊重个体差异,避免"一言堂"和"满堂灌"。

在教学过程中,周老师设计了一道发展学生求异思维的练习题(如图 3-7)。

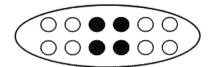

图 3-7

单位"1"有 12 个圆片,其中有 4 个圆片涂了颜色,请同学们先分一分,再用分数表示出来。这一练习促成教师与学生、学生与学生、学生与分数文本的多层次对话。可以是"把单位'1'平均分成 3 份,涂色部分表示其中 1 份,就是 $\frac{1}{3}$",也可以是"把单位'1'平均分成 6 份,表示其中的 2 份,用 $\frac{2}{6}$ 表示",还可以是"把单位'1'平均分成 12 份,表示这样的 4 份,就是 $\frac{4}{12}$"。随后在第二次"变与不变"的对话中感悟到:同样的单位"1",不同的分法就能得到不同的分数;分的份数越多,每一份代表的数就越小;阴影部分没变,三个分数的大小相等……既有学生和练习文本的对话,又有学生和学生的思维对话,还有教师和学生的对话,更有学生与自我的思维对话,通过对话过程丰富了对分数意义的理解和掌握。

三、高观点追求概念理解目标

课堂片段 3：

师：同学们，分圆片中有变与不变，游戏中也有变与不变呢！

出示 A、B 两个袋子，其中装有一些圆片，分别发给同桌两位同学，数一数一共有多少个？

师：请 A 袋同学和 B 袋同学各取出袋中圆片的 $\frac{1}{2}$ 摆到黑板上。

A 袋同学贴出 5 个，B 袋同学贴出 3 个。

师：同样是 $\frac{1}{2}$，为什么 A 袋同学取了 5 个，B 袋同学只取 3 个？

生：两个袋子的单位"1"不一样。

师：大家算一算，A 袋子的单位"1"是多少？B 袋子的单位"1"又是多少？

生：A 袋子 10 个，B 袋子 6 个。

师：请两位同学把袋子里的圆片都摆上黑板，公布下答案。（掌声）

师：请 A 袋同学拿出 $\frac{1}{5}$，B 袋同学拿出 $\frac{1}{3}$。

A、B 两组同学分别摆出 2 个圆片。

师：同学们看一下他们取的结果，如果你是数学老师，你可能会问一个什么数学问题？

生：为什么分数不一样，拿出的个数却是一样的？

师：谁能回答这个问题？

生：因为它们的单位"1"不一样。

师：不一样的单位"1"，不一样的份数，但是他们取出的个数可能是一样的。

师：$\left(出示 \dfrac{1}{(\ \ )}\right)$

师：把刚才 A、B 两个袋子里的 16 个圆片都摆在一起，成为一个大的单位"1"。如果要你取圆片，你打算取几个？括号里填几？

……

【片段赏析】 布鲁纳认为：不论教什么学科，都必须使学生理解学科的基本结构，即各门学科的基本概念、基本原理以及它们之间的联系。高观点下的教学设计不仅需要了解数学内容本身，还需要了解数学学科的内容结构。周老师根据学生实际学情，基于"高观点"整体教学视角，研读课程、学段、年级、单元、课时等不同层面教学资源,分析教学内容及价值,重构教材编排。教学设计的出发点是班级实际学情,包括学生的知识背景、生活经验、年龄和心理特征、学习的需要等,凸显分数的意义结构性、整体性和连续性。课的着眼点是分数的意义,观点却是数学模型和数学思想,把数学的两个基本对象"数"和"形"有机结合起来。在建立分数模型的过程中,分数的意义在知识技能、数学思考、问题解决和情感态度等方面建立知识结构的横向联系。在知识技能方面,分数的意义得到进一步扩展,在分物活动情境中用分数刻画现实生活现象;在数学思考方面,抽象的分数意义使学生数学思维能力有更大的发展空间;在问题解决方面,分数既能表示部分与整体的关系,又能表示由分数单位累计的数(课后我问周特,您为什么这节课没有涉及分数单位这一内容,他表示用一节课教学分数单位,从度量角度进一步丰富分数的意义),学生在构建分数模型的过程中进一步提高分析、综合、抽象和概括的能力;在情感态度方面,对分数的意义、价值、性质的探究有更深刻的理解和体验。

周老师的教学设计关注学生的数学理解及程序流程,关注学生的思维,利用已有内容生成或揭示有意义的事情,即利用已有的知识经验去发掘事实和方法背后的含义并谨慎地加以运用,重组单元内容,重构教学内容体系,沟联学科的基本概念和原理,指向数学理解的教学设计。同时,本课教学过程中也渗透了"运算"意义,如 10 个圆片的 $\frac{1}{5}$ 是 2 个,6 个圆片的 $\frac{1}{3}$ 是 2 个,把 16 个圆片都摆在一起,成为一个大的单位"1",请学生取圆片,打算取几个,是 16 个圆片的几分之一?这一开放性练习采用学生喜欢的游戏方式,激发了学生学习分数的兴趣与热情,提升了学生对分数本质的认识,只要把"单位'1'平均分成若干份,表示这样的一份或几份,可以用分数表示",而且通过第三次辨析"什么变了,什么不变",在"变与不变"中凸显分数的意义本质。

将"冰冷的分数意义"化作"火热的数学思考",离不开周特高观点视角的教学设计和充满智慧的师生对话与课堂组织。以学生为中心、倡导对话方式、追求概念理解,体现出周老师先进的教学理念和精湛的教学艺术。

儿童立场,为品格而教

——周卫东老师"用数对确定位置"片段赏析

笔者有幸聆听了特级教师周卫东一节精彩的观摩课"用数对确定位置"。周老师大气智慧、灵动自然、高效质优的课堂教学给笔者留下深刻的印象。好课是有余味的,再次观摩课堂教学视频,细细品味,做出如下思考:

一、核心问题,经历再创造

课堂片段1:

师:小黄鸭是一个快乐的旅行家。有一天,它出去旅行啦,往哪个方向走呢?(PPT 显示小鸭向右走)小黄鸭走到了这个位置,可以怎么表示?

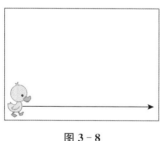

图 3-8

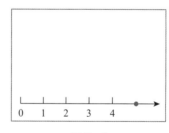

图 3-9

生:它向右走了 5 格。(板书:向右走了 5 格)

师:"右"是小鸭行走的方向,"5"是它行走的距离。在这条线上,我们可以用方向和距离来确定点的位置。(板书:方向 距离)

师:世界那么大,我想去看看。(PPT 显示一个色块)小鸭在哪里呢?同学们拿出《研究一(图 3-10)》,可以画一画、量一量、写一写,表示出小鸭的位置。

……

师:同学们,我们来回顾一下小黄鸭的两场旅行。

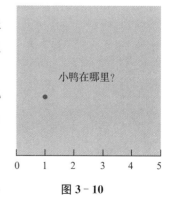

图 3-10

111

第一场旅行,它向右走到5,在一条线上走(板书:线)。第二场呢?在一个面上(板书:面)。小黄鸭在水面上玩够了,钻到了水底下,在这个立体空间里(板书:体),还能用今天的数对表示它的位置吗?

【片段赏析】数学知识的起源和发展是自然的,数学方法的起源和发展也是自然的。在教学过程中,周老师关注数学知识、方法的背景和发展、数学知识和日常生活的联系以及数学知识之间内部的关联,进而帮助学生理解"用数对确定位置"这一数学知识的本质和价值,体会数学的思想和精神。

全课以"小鸭在哪里"为核心问题,唤醒学生的日常生活经验,结合小鸭的三场旅行为背景,分别对应"用一个数确定直线上点的位置""用数对确定平面上点的位置"和渗透"用三个数确定空间中点的位置",体会数学语言的符号化、公理化和形式化。学生经历两次认知冲突,从直线到平面,从面再到体,渗透"一一对应"的数学思想。从确定直线上点的位置到确定平面上点的位置,学生的自主探究跨出了一大步,周老师把学生的注意力集中到如何在方格纸上用自然数标记出纵轴的刻度,以下是三位同学的自主探究单(如图 3-11、3-12、3-13):

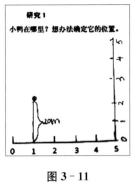

图 3-11

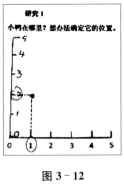

图 3-12

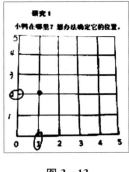

图 3-13

弗赖登塔尔认为:与其说是学习数学,还不如说是学习"数学化";与其说是学习公理系统,还不如说是学习"公理化";与其说是学习形式体系,还不如说是学习"形式化"。学生运用数学方法观察世界,分析各种具体现象,并加以整理组织,这个过程就是数学化。周老师善于运用"数学化"这一途径进行数学教育,借助几何直观,创设直观思维,给学生悟的时间和空间。

二、把握本质,促进真学习

课堂片段 2:

师:小鸭到河里玩水啦!你能帮 4 只小鸭设计体操队形吗?请看小提示

(PPT呈现),拿出"研究二(图3-14)"大胆地设计吧!

(小组里交流,互相学习、互相评价。)

……

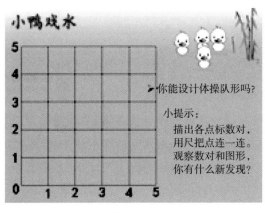

图3-14

师:有两只小鸭上岸了,小黄鸭和小白鸭没玩够。小白鸭站在0点,小黄鸭游来游去,调皮地停在了这个格子的正中间(见图3-15),谁有本领用数对表示它的位置?

生:我们可以再画一条线,(2.5,2.5)。

师:小白鸭说,我在0点不动,你游来游去,位置一变,数对也跟着变,你还是回到(1,1)吧!小黄鸭乖乖地回来了。两只小鸭待在原地,打了个盹。(PPT显示原点和横轴纵轴向左下方平移,见图3-16)咦!我们站着没动啊,数对怎么变了呢?

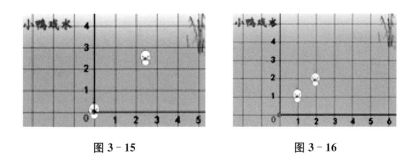

图3-15   图3-16

【片段赏析】著名心理学家朱智贤说:"小学生的思维是由具体形象思维逐步向抽象逻辑思维过渡。"在教学中,周特善于借助直观,如图形直观、语言直观、文字直观等,组织学生开展自主、合作、探究等活动,引导学生深入思考,不断完善

富有层次性思维的数学课。

我们一起来看《义务教育数学课程标准(2011年版)》是怎样规定"位置"教学的:

在具体情境中,能在方格纸上用数对(限于正整数)表示位置,知道数对与方格纸上点的对应。

说明:需要在方格纸上标明正整数刻度,希望学生能够把握数对与方格纸上点(行列或者列行)的对应关系,并且知道不同的数对之间可以进行比较。这个过程有利于学生将来建立直角坐标系。

在教学过程中,周老师没有创设用第几排、第几组的方法表示教室中的座位情境,有效回避让学生左右为难表示位置的尴尬境地(坐在座位上的学生要把自己假想成讲台前作为观察者老师的位置)。用方向、距离两个有顺序的数对表示平面中点的位置设计巧妙,突出数学知识的本质。确定位置的教学本质,即需要明确两个要素,即方向和距离,直线仅仅需要一个方向和距离,平面是两个方向和距离的交点,学生很容易可以迁移到立体就是三个方向和距离的交点。即使是六年级下册学生学习"用方向和距离确定位置",依旧是明确"方向和距离"这两个要素,在教学过程中整体构建了"确定位置"的一般方法,发展学生的迁移学习能力,体现不教之教的育人理念。周特注重启发学生独立思考,促进学生深度理解,数对中的数,不仅有自然数,还有小数,更有负数,它们都可以用不同形式的数对确定小鸭的位置。变化的是数的形式,不变的是确定位置的方法,引导学生在千变万化中追寻不变的关系,即数对对应的是两条含有方向和距离的直线的交点。再如,当一个学生在设计 4 只小鸭体操队形时(研究单二),发现在网格纸上正方形四个顶点,横着和竖着两个点的距离相等,教师让学生走向讲台思考为什么距离相等呢?自己提出问题、解决问题,学生借助数对深入体验点和点之间的空间位置关系。

三、基于儿童,为品格而教

课堂片段 3:

师:小鸭的位置在 1 的上面(显示一条竖线),像这样的一条竖线代表一竖排,通常叫做列,(板书:列),确定第几列要从左向右数,小鸭就在第 1 列。竖排为列,横排呢?(板书:行),确定第几行要从前往后数,小鸭在第几行?数学上规定先列后行,第 1 列与第 2 行的交点就是小鸭的位置。

这个位置呢?老师把 AB 两个点的位置写下来,(板书:第 1 列第 2 行,第 2

列第1行)喔,这么多字写起来好麻烦。数学是国际通用的一种简洁、规范的语言,能不能用一种简洁的方法表示(板书:简洁)?咱们以 A 点为例,你有什么好主意?

(学生自主探究,教师巡视,请学生将个性化的方法板演,再交流,在充分肯定学生个性创造的基础上引出数对的写法。)

师:同学们,像这样,表示列与行的两个数组成的一对数,叫做数对。引导学生自己用数对表示 B、C 两点的位置。瞧,(1,2)和(2,1)这两个数对,它们都有 1 和 2 两个数,感觉好像是一样的嘛?

生1:不一样!第一个数对里的 1 表示第 1 列,第二个数对里的 1 表示第 1 行,意思不同。两个 2 的意思也不同。

生2:前面的数字表示列,后面的数字表示行,所以是不一样的。

师:谢谢你的提醒,数对中的两个数不是随便组合的,是有——?

生齐:顺序的!(板书:有序)……

【片段赏析】 周老师的教学主张是"为品格而教",他对品格有以下三方面的解读:"品"是分析、感悟、辨别,重要方略是用心品味,知行合一;"格"的左边是"木子旁",意为"上为枝叶下为根,引申为根本",核心意旨是培养理性精神。"格"的右边是"各",即每个,彼此不同,表现样态是张扬个性,美美与共。笔者认为,"为品格而教"是从教师的教转到学生的学,是从学生被动的学转向学生主动的学,是从数学灌输走向数学理解,培养学生适应社会发展和未来发展的必备品格、价值观念和关键能力。在"为品格而教"的过程中,学生的数学学习处于一种积极、创造的状态。在积极主动的学习样态中,教师应该尽量为学生在现有条件下亲自发现尽可能多的东西,培养学生的创新意识、应用意识、数学交流等等。

波利亚认为:"学东西的最好方式是发现它。"在课堂教学中,笔者感悟到周老师注重培养学生主动探索的意识,为学生提供自由广阔的天地,尊重不同思维、不同方法自由发展,不对学生思维作任何限制;注重培养学生独立思考的精神,培养学生的创新意识;注重培养学生"大胆假设,小心求证"的习惯,培养发现问题、提出问题、分析问题、解决问题的能力,具有初步的理性精神以及数学品格。教育,不过是一场自然生长,顺势而为,顺儿童成长之理,处儿童成长之势,给予生命支持。周老师充分尊重学生,把学生看做是学习知识的发现者、探索者、求知者和终身学习者,周老师的数学教育大智慧正是尊重学生、发现学生、了解学生、信任学生、促进学生发展。

总之，周老师在教学过程中进一步发展了学生的空间观念，初步渗透数形结合及坐标思想，为第三学段平面直角坐标系的学习做好了铺垫。更重要的一点是，周老师基于儿童立场，注重培养学生的数学品格，营造学生在自主、合作、探究中感受数学、理解数学、应用数学。

第四辑

教学心语

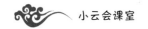

化"错"养"正"

作为一名小学数学教师,我常常问自己:"教育是什么?"

杜威认为"教育即生长"。爱因斯坦说:"教育就是当一个人把在学校所学全部忘光之后剩下的东西。"我的师父特级教师华应龙在《教育要给学生留下什么》中指出:"教育不仅要传授知识,更要启迪智慧,点化生命。"

随着对教育本质的不断追问,拜师之路的数个"高光时刻"又浮现在我眼前。

与师父华应龙相遇于网络。2012年我参加江苏省中小学教师网络培训时,对"化错教育思想"有了初体验,随即成为一名忠实的"华粉"。我们相识于2017年无锡"我不是笨小孩"的课堂上,相知于我申请加入华应龙名师工作室的"赶考之路",短信、微信、面对面交流……我不断向华应龙老师的"化错教育思想"靠近。

列宁说:"真理向前一步就是谬误。"同理,谬误向后一步亦是真理。拥有科学对待错误的开放心态和思维方式,就有可能化"错"养"正"。化错思想践行学科育人,教学的价值在于"育",育什么呢? 育的是思维方式、学习欲望、开放心态、生命潜力……化错思想的终极目标是"正","正"即正确的、正能量、美好的、全人的……

化错思想,真正是从教学走向教育,改变了我的教育观和学生观。

老师在课堂上,对于学生的错误总是设法躲避。华应龙老师告诉我们,课堂不要"规避"学生可能出现的差错,应乐观面对学习过程中的差错,从差错中悟出道理、走向理解。正所谓"正确的,总是千篇一律;差错的,总是多姿多彩"。化错研究有3个过程,即"错得好""多飞一会儿"和"拾起来",即我们所熟悉的"容错、融错和化错"。

"差错的价值并不在于差错本身,而在于师生从中获得新的启迪。"启迪何来? 启迪来自思考,在问题解决过程中启发学生的哲学思考,将知识联系起来,从而弄清楚事物的含义,丰富学生的数学情感体验。

华应龙老师把儿童看做"探索者、发现者和创造者"这一理念改变了我的学生观。课上，我明白了培养学生探究未知事物的强烈兴趣，以及在探究中所获得的喜悦和满足感的重要性。当前，课程改革进入立德树人、培育学科核心素养的关键期。教师眼里不能只有分数和冰冷的知识，而应该从关注学科到关注人，关注学生的发展和成长，以学生的整体发展不断提升和改进数学教育，更应该关注"人之为人"的必备品格和关键能力。华应龙老师常常以"人皆可以为尧舜"这一行动理念点化学生生命、启迪儿童智慧。

  师父对我说，数学课要有创新，课不润人誓不休！不仅润学生，还要润听课老师。做到"润人"的唯一途径是"竭泽而渔"地阅读和思考。

《指向学习力提升的小学生数学写作》教学成果报告

一、教学成果的研究背景

从 2012 年 4 月 6 日起,我开展苏州高新区教育科学"十二五"重点立项课题《小学生数学自学实效性的研究》,通过写自学辅导材料给学生进行阅读,或让学生撰写数学日记表达对数学的理解和看法。数学日记是学生以日记形式记录对数学内容的理解、对数学知识的认识和反思以及数学在生活中的应用等。学生在学习过程中遇到的问题、学习的体会、思考的过程都可以作为数学日记的素材。最初对写数学日记的要求是把内容写清楚,能让读者看明白就可以,可以写数学课发生的故事,也可以写生活中的数学故事,还可以是对数学的理解、感受到数学的美妙与神奇……有话则长,无话则短,想写什么就写什么,兴趣第一,内容和形式第二。通过写数学日记,孩子们的数学素养和综合能力得到很大发展。课题结题后,我继续研究数学日记和提升学习力之间的关联,2017 年以《"学为中心"视角下小学生数学关键能力培养的实践研究》为题,成功申报江苏省"十三五"规划办立项课题。

5 年来,学生写数学日记兴趣浓厚,数学能力和素养也得到进一步提升。数学日记已成为每个孩子日常学习生活的一部分,学生可以演讲数学日记内容,也可以发表在校报《小眼睛看世界》上,还可以展览在班级信息栏上。通过各种激励措施,让学生对写数学日记乐此不疲。从一开始不知道怎么写,到内容和形式比较单一,再到内容丰富,有数学在生活中的应用,有数学课堂的收获与质疑,有记录独立思考的数学体验……班级学生都有自己的数学日记集,师生一起取名为《数眼看世界》。

二、解决问题的过程方法与创新之处

1. 过程方法

本研究围绕"学习力提升",从研究现状入手,有计划、有目的地展开。从指向"写作材料"的"小学数学写作资源研发",到指向"学生自主写作方法"的"小学生数学写作方法辅导",再到指向"教师教学"的"小学生数学写作教学实践",最后到指向"课程本身"的"小学生数学写作课程实施(推广)"等,逐步解决"写什么""怎么写",以及"如何教""怎样用"等问题,具体如下图4-1所示:

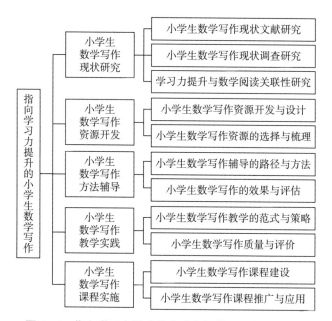

图 4-1 指向学习力提升的小学生数学写作内容框架图

2. 创新之处

(1) 用数学多样化面孔的优化提升学习力

学生借助数学日记、数学图画、数学论文等方式学习数学,把数学知识写出来、画出来、讲出来。通过撰写数学日记进行系统研究,探索出不同年级段学生撰写数学日记的一般规律和特点,如:低年级以数学画为主、中年级以数学故事为主、高年级以数学论文为主。教师在进行相关指导时,带动学生自主学习的发展,提升学习力。

(2) 用数学的理和写作的文融合提升学习力

数学日记突破课堂时间和空间的限制,把数学的理和写作的文有机结合起来,扩增师生对话交流的机会。学生借助数学日记把对数学知识的理解,对问题的分析和思考记录下来,提高学生发现、提出、分析和解决问题的能力。孩子眼中的数学世界是什么样的?学生通过什么来记录数学课堂?在日记中,孩子们对40分钟的课堂进行反思,记录对数学课堂的体验和感受、数学知识的批判与质疑、对未知的好奇和追问。

（3）用数学认知规律转化策略提升学习力

依据数学日记在不同年级段的表现形式和不同年级段学生认知规律和心理特征，借助"问题引领策略、阅读辅助策略、知识整合策略、校本拓展策略"等策略，指导学生撰写数学日记，促进学生思维和能力等隐性智力的发展，有效提升学生学习力。在数学日记中可以记录数学思考、数学在生活中的运用、有趣的发现或自己编写的数学童话故事……学生的数学世界就是这样丰富，孩子从小就养成了"数学看世界"的意识和能力，学会用数学的眼光看待自己的生活世界，用数学的头脑分析和思考问题，这对孩子们的数学学习十分重要。

三、教学成果的主要内容

1. "数学写作"是提高数学理解及运用能力的好载体

基于培养学生的创新意识和应用意识，学生撰写"数学日记"，感受数学与生活的联系，助推学生在数学上得到思维及素养等方面的提升。借助数学日记、数学图画、数学论文等方式理解数学，以儿童的数学视角把数学知识写出来、画出来、讲出来，提升理解及运用能力。2017年4月出版专著《数眼看世界》，书中每一篇数学日记都附有教师点评，有效提高学生学数学、用数学的能力，丰富学生数学课外阅读资源，提高学生数学阅读及理解的能力。

2. "数学写作"是转变学习方式，"再创造"的好载体

经历"再创造"其实是一个"做数学"的过程，教师引导和帮助学生进行"再创造"的学习。数学日记、数学故事、数学漫画，记录学生独特的思考与体验，留下对未知的期盼和探索。通过观察分析、调查报告、追问原因、知识重建等过程，形成科学、合理而丰富的数学日记素材。《汇率中的数学》《双打中的数学问题》《我找到了规律》《密码有玄机》《买牛奶的学问》等数学日记发表在《少年智力开发报》上，截至目前共有7个媒体整版报道学生数学日记。通过撰写数学日记，进一步整理、归纳、理解、内化数学知识，运用于生活，形成积极的影响力和指导力，推动小学数学学习的有效性。

3. "数学写作"四大策略是记录思维印记的好载体

在区域内多次开展数学日记专题研讨活动，市级讲座、教学研讨也以本研究为主线安排研讨活动，发表相关阅读与写作教学论文，提炼出"问题引领策略""阅读辅助策略""知识整合策略""校本拓展策略"四大策略。策略的研究和提炼，让研究从点的提炼走向线的比对，进而辐射到面的课堂教学中，从常态教学

课例,推广到数学写作课例的教学中,丰富了课堂教学的形式,促进了学生自主学习能力的提升。

四、成果促进师生发展

在数学写作课程开发伊始,在学校教导处和教师发展中心的领导下,积极开展教研活动,充分发挥组员优势,分工配合、团结协作。学校与数学写作有关的活动,集众人智慧完成。我在2016年被评为苏州新区学科带头人,2017年被拔尖评为中小学高级教师,刘菊、顾雨沁、彭志荣被评为常熟市教学能手,华洁等老师发表36篇论文,课题组人员已经具备独立开设和实施数学写作课程的能力,积累了一定数目的成熟课例和学生活动案例。

学生学习方式也发生了变化,从被动地接受学科知识到主动去合作探究数学问题,培养自己的兴趣与研究方向。通过辅导数学日记撰写,我发现生活是一个充满数学的世界,给孩子一双亲近数学的眼睛,发现数学的眼睛,数眼感受数学的美妙和数学奥秘的神奇。学校28名同学的数学日记发表在省级报刊《少年智力开发报》上,2017年102位同学的数学日记被个人专著《数眼看世界》收录,2019年,23人获国际数学比赛金奖,其中2人满分奖,80人获省级一等奖,共452人次获得国际、省级数学竞赛奖,6人在常熟市数学小论文比赛获奖,学校在历次省学业水平测试中成绩优秀。

五、成果的推广应用情况

通过市区学科教研活动、课题研讨、专题讲座,向全市及省内外等地教师展示本成果,将成果研究的思路、经验进行传递和辐射;通过在国家和省级刊物上发表文章,向全国同行介绍本成果;通过专著、学生日记发表等,向外界介绍本成果。

1. 数学日记撰写四大策略已在本校及苏州、山东、浙江等学校推广应用,建立数学写作学校实验地。

2. 参与研究的教师对"数学日记"有了充分的认识,将课堂教学与课后延伸有机结合,着眼于教学目标的"整体实现",从生活中提取数学模型,充分展现学生的思维过程,引导学生多元"对话"。在教学方式上,从偏重于教师的"教",走向"教与学"的融合发展。学生经历了数学知识的生长过程,对数学本质的理解不断走向深入,进而触类旁通,学生从探究"是什么"走向"为什么"。

计算教学的迷失与回归

一、问题的提出

我国数学课程一直将数的运算作为小学数学的主要内容,重视培养学生的运算能力,并取得了许多宝贵的经验。小学阶段的整数、小数和分数四则运算及混合运算为中学学习有理数运算、整式运算打下基础。但长期以来,一些教师迷失了对计算教学的理解,将其等同于运算技能(即看谁算得又对又快),且由于考试等"功利性价值"原因对计算难度和速度的要求越来越高。除了运算技能,还有哪些有价值的内容?为了了解计算教学现状,笔者调研了苏州C校各年级200位学生,本次测试内容选用与书本同等难度的练习题,如口算20以内的加减法、表内乘除法,笔算小数乘、除法等,并选取了淑女班和实验班进行对照,其中实验班175人(即传统男、女生混合班)和淑女班(全部为女生,每个年级仅招收1个班级,一至五年级共5个班级,每班25人),数据汇总如下:

表4-1 C校上学期一、二年级口算能力测试统计表

测试内容	一年级20以内口算加减法		二年级表内乘、除法	
班级	实验班	淑女班	实验班	淑女班
优秀率	77.60%	100%	90.29%	96%
合格率	94.28%	100%	100%	100%
人均正确题数/分	16.86题	19题	22题	25题

表4-2 C校上学期三~六年级笔算能力测试统计表

测试内容	乘、除法笔算		笔算、整数混合计算		小数乘、除法,混合运算		分数计算
年级	三年级		四年级		五年级		六年级
班级	实验班	淑女班	实验班	淑女班	实验班	淑女班	实验班
优秀率	84.57%	88.00%	67.43%	60.00%	51.42%	28.00%	45.00
合格率	100%	100%	100%	100%	96.00%	92.00%	94.00%

经过分析初步发现：

1. 低年级阶段，女生的计算速度、优秀率及合格率整体上略优于男生。但到了中、高年级，女生的计算优秀率整体上略低于男生，主要原因在于女生的四则混合运算分析能力、简便计算意识弱于男生。

2. 通过访谈个别学生，发现在教学过程中教师窄化了运算能力的理解，对运算的意义及四则运算之间的关系、估算和精确的计算策略、运算律及运算性质（尤其怎样简便就怎样算的运用）没有充分理解，数学思维能力也没有得到应有的培养。

二、计算教学的迷失

什么原因导致了这样的结果？笔者经过深入调查研究，发现了计算教学的几个误区：

1. 学生缺乏对算理算法的理解。笔者访谈学生对"三位数乘两位数""小数乘除法"等精确计算时，"怎样想的""为什么这么算""这样算的好处"等问题，学生认识不清晰。实践证明：学生在掌握知识时，如果没有理解意义，那么，在知识被淡忘以后，它就很难留下什么；如果学生学习知识理解了它的意义，即使知识已被遗忘，能力也可以永远融合在对知识的理解之中。

2. 计算教学过分依赖于情境。主要表现在为设置情境而设置却忽略了学生的迁移能力的应用，情景设置甚至显得牵强附会。情境变成看图说话"从图中你知道哪些信息"，削弱了数学课堂的探究趣味。

3. 过分追求算法多样化。教师对算法只求量上的多，而忽视了思维品质的提升。当算法出现多样化时，教师没有引导学生对多种算法进行分析思辨，缺少了对算法之间的联系。

4. 计算教学缺少对话互动。计算教学表现为一种存储行为，"数学知识被看作教师赐予学生的一种恩赐"。学生是知识的保管人，教师是储户，教师不是和学生进行交流互动，而是单方面的灌输，让学生去接受、记忆和重复模仿，抹杀了受教育者在教育过程中的主动性和创造性。

三、计算教学的回归之途

鉴于上述分析，笔者认为，必须重新审视小学数学计算教学，继承我国传统计算教学的精髓，培养学生的计算兴趣，提高运算技能，发展数学思维能力。

1. 理解算理算法是计算教学的"根"

什么叫算理？什么叫算法？这是进行教学必须搞明白的问题。算理就是计算过程中的道理，解决为什么这样算的问题。算法就是计算的方法，解决怎样算的问题。布鲁纳认为："学习结构就是学习事物是如何关联的。"如9.6÷3，教师要引导学生讨论："商的小数点为什么要和被除数的小数点对齐？"使学生明确：因为第一次是把9个一平均分成3份，每份得到3个一，所以3应该写在个位上，第二次再把6个十分之一平均分成3份，每份得到2个0.1，所以2写在十分位上；最后把两次分的结果合起来就是3.2，这就是算理；把分的过程一步一步记录下来就是除法竖式，这就是算法。通过组织学生探索算理算法"过程和结果"的联系，最终理解算理，掌握算法。

2. 培养计算品质是计算教学的"道"

《现代汉语词典》对"品质"的解释为："行为、作风上所表现的思想、认识、品性等的本质。"品质有很多种，工作时表现出来的是工作品质，学生计算时表现出来的是计算品质。计算品质的培养主要从计算的正确性、熟练性、灵活性和简捷性四个方面进行。学生计算的正确性和熟练性，即教学目标要求学生必须掌握的应知、应会的知识和方法。在此基础上，注重提升学生计算的灵活性和简捷性。计算的灵活性和简捷性属于发展性目标，应当结合学生的实际情况进行分层教学。计算品质的形成主要通过建立"立体式"算法，即估算在前、笔算在后，发展口算，方法验证的"立体式"模式。如3.6×2.8，先让学生估计结果的区间范围，在说出结果比6大、比12小后，让学生明确估算的理由。然后，引导学生探索笔算的算理算法。学生在笔算结束后，对照笔算结果是否在估算值范围之内。最后引导进行验算，养成验证的计算习惯。

3. 发展数学思考是计算教学的"魂"

"数学思考"是从数学的角度去思考问题，发现计算现象背后所存在的数学规律，并应用数学的思想和方法去表征数学。学生探索知识的思维过程总是从问题解决开始，又从解决问题中得到创生和拓展。如在学习小数乘法的过程中，班级的C同学发现：小数乘小数，积的变化规律富有多样性。有时积比两个因数都大，有时积比两个因数都要小，有时积比其中的一个因数大，比另一个因数小。那么，在小数乘小数中，积的变化规律是怎样的呢？为了理解因数和积的范围关系，在笔者的引导下C同学画出了下面一幅图，只要比较 a、b 这两个因数与1的大小就可以确定积的范围。如图4-2：

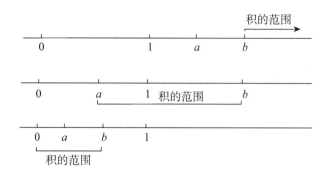

图 4-2　因数和积的范围

总之,走出计算教学的误区是一项长期的过程。只有把理解算理算法,培养计算品质,发展数学思考这三个策略统一起来,计算教学才更富有效性、实效性和长效性。

数学教学"三假"现象、根源及对策

《义务教育数学课程标准(2011年版)》颁布十年,小学数学课程和教学改革取得了明显成效。主要表现在:教育理念和思想不断更新,师生综合素养稳步提高,创新精神与实践能力培养受到广泛重视。在现实教学过程中,仍有一部分教师课改理念认知不清晰,追求课堂形式上的变化,奏出与课改理念不和谐的音符。教师把持教学的主动权和话语权,教学主要通过教师的灌输实现;课堂成为演出"教案剧"的"舞台",教师是"主角",学习好的学生是主要的"配角",大多数学生只是不起眼的"群众演员",很多情况只是"观众"与"听众",甚至是"边缘人";繁杂的机械训练与模仿代替了数学理解,学生成为储存知识与技能的"容器"和任由教师"灌输"的"储存器"。针对以上现象,笔者谈谈小学数学课堂存在的"三假"现象。

一、"三假"类型及其现象

1. 假听课

学生学习兴趣不高,对数学学习感到枯燥无趣。表面坐姿端正,乍看上去在认真听课,但仔细观察,注意力涣散,甚至做与课堂无关的事情。如看漫画、画画等,或和其他的同学小声说话,更有甚者,在教师板书时趁教师不注意,做一些恶作剧,有时让教师无法进行教学活动。在教师要求学生进行探究讨论的时候,学生主动性不高,没有真正投入到自主合作中去。

2. 假讨论

课堂气氛活跃,很是热闹,然而在热闹的背后缺少学生数学思维活动。小组讨论,或没有具体讨论要求;或组织形式不到位;或合作程度不到位,如学生的参与度不均衡,学生间的关系不协调或者是合作的内容太难所致,重形式,轻实质;或评价机制不到位,如忽视自我评价、偏重整体奖励。

3. 假作业

教师把儿童看做是一个"需要填满的罐子",练习作业偏、难、繁、怪,题海战术,死记硬背,让孩子成为做题的机器。难题不会,扼杀孩子求知的欲望;偏离教材,让孩子学而无用;作业练习一味追求标准答案。令人厌倦的作业使得一个又一个天真活泼的孩子厌倦了有趣的知识世界。

二、"三假"现象的根源

"三假"现象的根源主要是什么呢?笔者认为主要有教育价值"功利"性,教学方式"灌输"性,师生交流对话"滞后"性。

首先,"为将来的生活做准备"的教育理念,使得教师有足够的理由让成人的世界染指儿童的世界,并高高跃居于儿童之上。很多教师以"我是为你好"为由把自己和学生都变成了知识与分数的"搬运工"。

其次,在教育的"功利"性影响下,数学课堂教学方式深陷"灌输"而不能自拔。讨论活动重形式、轻实质、走过场。很多教师认为:"我讲得越清楚,学生就会越明白,就能在以后需要的时候回忆起来;我讲得越多,学生就学得越多,考试时也就表现得更好。"《义务教育数学课程标准(2011年版)》指出:认真听讲、积极思考、动手实践、自主探索、合作交流都是重要的学习方式。

最后,师生对话"滞后"性。为了完成教学任务,教师或进行陈述性知识的满堂灌;或进行走过场程序性知识的简单模仿,缺少在对话过程中实现知识的"再创造"。师生应在民主、平等、宽容、尊重与爱的氛围中展开对话,以言语、理解、反思等方式在经验共享中创生知识。教学中,教师和学生的关系不再是以知识为中介的单项灌输关系,而应该是一种对话关系。

三、数学课堂"三假"现象的教学对策

1. 注重对话,拓展教和学视角

在教学中,教师要根据教材内容分析学生的认知发展水平和已有经验,链接经验与知识的"衔接点"和"生长点"。教材分析及教学过程集趣味性与科学性为一体,把教学过程看做人和文本、教师和学生、学生和学生之间的对话。无论是教师还是学生,都应保持一种开放、宽容、尊重和爱的心态,尊重个体差异,避免"一言堂"和"满堂灌"。针对学生好奇的特征,设计灵活多样的教学对话。如在教学"圆的认识"时,笔者和学生在对话中充分挖掘圆的文化、历史和审美等过程,学生体验到圆是世界上最美的图形,在生活中无处不在,从太阳下盛开的花、体育老师在操场上随手用竹竿画的圆、各种标识到小石子落入水中形成的一道道波纹等等。从生活实际选取合适的素材展开学习,通过对话密切联系生活,教

学从封闭的课本和教室走向开放的生活。

2. 追求理解,培养批判性思维

心理学家皮亚杰说过:"教育的目的是造就能创造新的而不是简单重复前人所做过的事的人,这种人能有创造、发明和发现。"教师根据教学内容,利用多种途径,或借助实物、直观教具,或运用生动的教学语言,或组织多彩的课外活动,为学生装上想象的翅膀,在教学中培养学生独立思考、理性判断,发现新事物、提出新见解、理解新问题。理解是学习者探求事实意义的结果,理解面临对思维的挑战,理解是利用已有内容生成或揭示有意义的事情,即利用我们已有的知识经验去发掘事实和方法背后的含义并谨慎地加以运用。以"圆的认识"为例,小石子落入水中为什么会形成一道道圆形的波纹?学生通过观看视频、展开讨论、小组交流,理解了小石子投进水中就是圆心,因为用力均匀,也就是同圆内所有的半径都相等,就形成了"到定点的距离等于定长点的集合",与《墨经》的"圆,一中同长也"建立了联系,跨学科、跨时空拓宽思考和分析的角度,培养学生批判性思维。

3. 因材施教,倡导整体性发展

古罗马教育家普鲁塔克认为:"儿童的心灵不是一个需要填满的罐子,而是一颗需要点燃的火种。"作业设计要科学合理。基础题让学生体验成功的快乐喜悦。挑战题使学生的学习思维得到进一步拓展,体会跳一跳摘果子的成功体验。进行评价时,采取分层的量化标准,科学控制作业量,杜绝题海战术以及机械重复作业。教师要尊重学生的作业劳动成果。采取怎样的批改方式才能达到最佳效果呢?加强面批面改。笔者认为尽量做到班级总人数的三分之一面批面改、及时评价,必要时访谈学生的想法和思路,多问你是怎样想的,少问你是怎样做的。面批面改方式在学生表达想法思路的过程中更有利于培养孩子的质疑精神、理性反思以及创新精神。

总之,数学教学过程中的"三假"现象存在严重的危害性,违背课程改革理念精神。改善教学中的"三假"现象,既要靠民主,以学生为本,又要靠科学,科学设计课堂教学,科学组织教学工作与科学设计分层作业,构建求真、务实、高效的数学课堂。

单元整体设计:教学观的应然追求

——以苏教版小学数学"分数的意义和性质"为例

《义务教育数学课程标准(2011年版)》指出:"教师教学应该以学生的认知发展水平和已有的经验为基础,面向全体学生,注重启发式和因材施教。"可以看出,教师应根据班级实际学情,基于"高观点"整体教学视角,研读课程、学段、年级、单元、课时等不同层面教学资源,分析教学内容及价值,重构原有单元教材编排,突破单课知识的局限,形成适应学生学情的单元整体教学设计。单元整体教学设计的出发点是班级实际学情,包括学生的知识背景、生活经验、年龄和心理特征、学习的需要等。单元整体教学设计应凸显课程结构性与整体性。美国布鲁纳认为:不论教什么学科,都必须使学生理解学科的基本结构,即各门学科的基本概念、基本原理以及它们之间的联系。小学数学单元整体教学设计不仅需要了解数学课程内容本身,还需要了解数学学科的内容结构。

当下教学存在两种不同的关于教学的设计观:

一、守成不变与整体设计:教育观的两种表达

1. 传统教育观的守成不变

传统教育观的教学,把教材奉为神圣的"蓝本"。教材怎么编,教师怎么教;教材有什么,教师教什么;教材内容安排结构、顺序与教师的教学结构、顺序相一致。教师"教教材",强调知识的逻辑性、顺序性。因此,教师守成不变、按部就班地传授,注重学生的背诵、记忆和机械性训练。

2. 现代教育观的整体设计

现代教育观的教学,把教材看做对话的"文本"。教学就是人与文本的对话,包含师生和教材、教师和学生、学生和学生对话,在对话中创生学习内容。通过单元内容整体分析与重构,指向学生把握数学结构,打破按部就班的传统教学方式,实现"用教材教"而非"教教材"。单元整体教学设计立足于学生心智发展需要和认知发展水平,对单元教材进行资源开发、利用、重构及整体设计,满足学生

数学思维发展的需要。

二、单元整体教学设计的时代表达

1. 教学中心从教师走向学生

单元整体教学设计体现"学为中心"教学理念，以学生及学生的学习活动为中心，教服务于学，突显学生的学习主体地位。从课程、学段、年级、单元、课时等不同层面，基于课程内容标准和学生实际学情，从"教师中心"走向"学生中心"，从顺应教材原有编排的内容结构，走向基于学生发展的对话结构，整体思考与设计每一节课的教学。

2. 教学方式从规训走向对话

教师和学生的关系不再是以知识为中介的主体对客体的单向灌输关系，不再是"教师选择内容，学生（没人征求其意见）适应学习内容的规训关系"，而是一种教学对话关系。教学过程看做人和文本、教师和学生、学生和学生之间的对话。无论是教师还是学生，针对学生好奇的心智特征，设计灵活多样的教学对话，尊重个体差异，避免"一言堂"和"满堂灌"。

3. 教学目标从灌输走向理解

单元整体教学设计关注学生的数学理解及程序流程，关注学生的思维。数学理解是以问题为中心的对话，学生探求事实意义的结果，利用已有内容生成或揭示有意义的事情，即利用已有的知识经验去发掘事实和方法背后的含义并谨慎地加以运用，重组单元内容、重构教学内容体系，沟联学科的基本概念和原理，指向数学理解的教学设计。

三、单元整体教学设计的实施策略

单元整体教学设计对教师提出更高的要求，教师从课程的执行者转变为课程内容的开发者。教师要科学把握学生实际学情与认知发展规律，深度研读教材，分析教材内容及价值，通过整体性的结构化设计重构学习资源与教学结构，形成数学知识的结构关联，着眼培养学生数学必备品格和关键能力。

1. 研读教材

数学课程内容结构包括知识发展的纵向联系，知识之间的横向联系。知识的纵向联系指知识与以前学习过的内容和将要学习的内容的逻辑关系，还包含数学概念和方法在不同阶段的呈现方式和学习重点。横向联系指不同内容和方法之间的实质性联系。"分数的意义和性质"是苏教版小学数学五年级下册第四单元的内容,是小学数学十分重要的内容。本单元有分数的意义和分数的基本性质两大部分。分数的意义学习是学生对数的认识重大飞跃,在小学阶段需要经历5个阶段:二年级"平均分"的学习;三年级"分数的初步认识",把一个物体或者把若干个物体组成的整体平均分成几份,用分数表示其中的一份或几份;五年级"分数的意义",包含部分和整体的关系、分数单位的认识及分数是分数单位的累计、分数与除法的关系、集合与集合中元素之间的倍比关系等4个具体方面;五、六年级"分数的运算和解决实际问题",在问题解决过程中理解分数的意义;六年级"比的认识",沟通小学阶段"分数、除法和比"三者之间的联系。"分数的基本性质"这个部分和"除法商不变的性质"建立沟联,运用"分数基本性质"进行分数大小比较、约分和通分,为后续的分数计算做准备。"分数的意义和性质"单元整体教学设计,在知识技能、数学思考、问题解决和情感态度等方面建立知识结构的横向联系。在知识技能方面,分数的意义得到进一步扩展,在分物活动、具体测量等情境中用分数刻画现实生活现象;在数学思考方面,抽象的分数意义使学生数学思维能力有更大的发展空间;在问题解决方面,分数既能表示部分与整体的关系,又能表示集合与集合中元素之间的倍比关系,学生进一步提高发现、提出、分析和解决问题的能力;在情感态度方面,对分数的意义、价值、性质的探究有更深刻的理解和体验。

"分数的意义和性质"共编排了15道例题。具体安排见下表4-3:

表4-3 "分数的意义和性质"教材内容

单元整体设计之前课时	例题	教学内容
第1课时	例1	分数的意义
第2课时	例2、3	分数与除法的关系
第3课时	例4	用分数表示两个数量的倍比关系
第4课时	例5、6	真分数和假分数
第5课时	例7、8	假分数化成整数或带分数
第6课时	例9、10	分数和小数的相互改写
第7课时	例11、12	分数的基本性质
第8课时	例13	约分
第9课时	例14	通分
第10课时	例15	分数的大小比较

2. 分析教材内容及价值

从表4-3里可以看出，"分数的意义和性质"内容多，编排的例题和练习也多。单元整体把握教材设计，主要从分数的意义和分数基本性质两块进行。通过教材内容分析，可以发现分数意义有两个维度，一个是作为"一种数"，它指的是一个结果，可以参与运算；另一个是作为"以比的形式出现的数"，它指的是部分与整体之间、集合与集合中元素之间的倍比关系。从这两个维度进一步分析，分数主要有四个具体方面的意义，即比率、度量、运作和商。首先是"比率"，它是指部分与整体之间、集合与集合中元素之间的倍比关系，在直观认识分数的基础上形成分数的概念；其次是"度量"，它是指将分数理解为分数单位的累积，教学中以分数单位为生长点，从真分数迁移到假分数，教学真分数和假分数，联系整数或带分数感受假分数的数值；再次是"运作"，它是指将分数的认识转化为运算的过程，如12只鸡的$\frac{3}{4}$是多少，转化成$12 \div 4 \times 3$；最后就是"商"，它是指分数转化为除法之后的一个运算结果，在分数与除法之间建立联系。从例题11开始，为本单元第二部分内容，包括分数的基本性质及其应用。教材安排两道例题教学"分数的基本性质"，从"观察现象、猜想性质、验证性质、沟联规律、反思性质"等过程引导学生理解并掌握分数基本性质，把分数的基本性质与除法商不变的规律建立联系；分数基本性质的运用，包括约分、通分、分数大小比较及分数运算。

3. 重构与整体设计

基于单元教学内容及价值的分析，笔者进行单元整体教学设计，具体教学课时内容及进程如表4-4：

表4-4 "分数的意义和性质"单元整体教学设计安排表

单元整体设计之后课时	例题	教学内容
第1课时	例1	分数的意义（部分和整体"比率"方面的意义）
第2课时	例5、6	分数单位和真、假分数（"度量"方面的意义）
第3课时	第58页第14题	分数的意义（"运作"方面的意义）
第4课时	例2、3	分数与除法的关系（"商"方面的意义）
第5课时	例4	用分数表示两个集合的倍比关系（"比率"意义）
第6课时	例7、8	假分数化成整数或带分数
第7课时	例9、10	分数和小数的相互改写

续表

单元整体设计之后课时	例题	教学内容
第 8 课时	例 11、12	分数的基本性质
第 9 课时	例 13	约分
第 10 课时	例 14	通分
第 11 课时	例 15	分数的大小比较

在"分数的意义"方面,学生从后续分数的运算及解决问题等多角度进一步理解分数的意义。在六年级"比的认识"中,沟通分数、除法和比之间的联系。在"分数的基本性质"方面,大小比较、分数运算和问题解决进一步体现分数基本性质的价值。

数学是具有高度抽象性、严密逻辑性和广泛应用性的学科。教师应基于单元整体教学设计视角,分析学生学情,私人定制教学内容及进程安排,促进学生对数学学科结构的理解和掌握,沟联数学知识的横向与纵向联系,以学为中心,满足学生数学必备品格和关键能力的发展需要。

在算理算法统一中形成技能

——"小数加法和减法"的教学思考

在我们日常教育教学中,需要放慢教育的脚步,给予学生思考的时间和空间,就数学教育而言,应该从"是什么、为什么、有什么用、还可以怎样算"等几个问题引发学生的探究与思考。本学期笔者执教了"小数加法和减法"的教研课,学生从"怎么算、为什么这样算、还可以怎样算"这三个问题展开提问,笔者顺势开展教学。这节课如果我们老师不教,或许有一些孩子已经会计算小数加减法,那我们还有必要教吗?这节课教学的必要性和重要性就在于把算理和算法统一起来,即重在解决怎样算和为什么这样算的问题。

一、理解算理是计算教学的"根"

什么叫算理?什么叫算法?这是进行教学必须首先搞明白的问题。算理就是计算过程中的道理,解决"为什么这样算"的问题。算法就是计算的方法,解决"怎样算"的问题。下面笔者结合"小数加法和减法"这一教学实例,从以下三个方面来进行阐述。

1. 重视估算,培养数感

学生从情景图中发现小明买了1个文件夹用去4.75元,小丽买了1本笔记本用去3.4元。从而学生提出一个数学问题:小明和小丽一共用去多少元?在日常生活和生产实践中,人们遇到的大量计算都是估算,许多估算问题是为了得到上界和下界。估算的教学有利于帮助学生理解对齐小数点的计算法则。

当学生说出求小明和小丽一共用去多少元,列出算式4.75+3.4,我提出一个思考问题:请你估计一下,他们大约用去多少元?

生1:我认为两人大约一共用去9元,我的想法是把4.75看做5,3.4看做4,5+4等于9,所以我认为他们大约用去9元。

生2:我认为两人大约一共用去7元,我的想法是把4.75看做4,3.4看做3,4+3等于7,所以我认为他们大约用去7元。

生3：我们在三年级下册学习的4.7+3.4＝8.1，所以小明和小丽大约用去8.1元。

生4：两人用去的钱数范围是比7大而比9小……

估算的好处在于为相同数位对齐进行铺垫，这一片段我大约花了三四分钟，后来在学生自主尝试列式计算时，全体同学都是相同数位对齐而没有出现尾对齐，估算在前，笔算在后，估算验证笔算，笔算亦可验证估算，这个时间花得值。

2. 多元表征，理解算理

这节课的难点在于理解为什么这样算，笔者放手学生探究用竖式计算4.75+3.4，然后全班汇报交流。

生1：我借助把"元"作单位转化成"分"作单位，4.75元＝475分，3.4元＝340分，475分＋340分＝815分，也就是8.15元。

生2：把元、角和分分别写在小数的个位、十分位和百分位上，或根据小数的意义，475个百分之一加上340个百分之一等于815个百分之一，也就是8.15。

生3：我是借助图形进行计算的，如下图4-3：

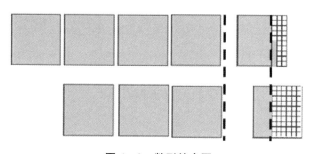

图4-3 数形结合图

通过图形说明，只有"相同单位的数才能直接相加"，相加的结果如下图4-4：

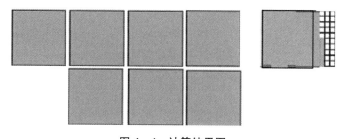

图4-4 计算结果图

从图中可以形象地看出相同数位对齐，只有"相同单位的数才能直接相加"，还可以很形象地看出从最低位算起,满十进一,从而发现相同数位对齐,从最低位算起,按照整数的计算法则进行计算。

以上表征形式都指向理解"计数单位相同,方可直接相加减",即相同数位对齐,在计算过程中总结反馈出"齐、算、点、简"的计算方法,逐渐加深对小数加减法的理解。教学中,教师可以在学生交流算法的过程中指导学生理解算理,也可以在学生总结算法的过程中,指导学生根据"转化"策略来解决问题,进一步理解算理。小数加法和减法的教学是建立在整数加法和减法计算的基础之上,把抽象的算理和直观的图形结合起来,有利于学生掌握算法,理解算理。

3. 瞻前顾后,建立联系

教学中一定要知道学生学习的过去,还要知道学生学习的现在,更要知道学生学习的将来,沟通昨天、今天和明天的联系。课上,笔者出示了二年级下册的"多位数的加减法",三年级下册的"一位小数加减法",沟通现在小数和过去整数的联系,如下图4-5,图4-6:

图4-5 多位数的加法

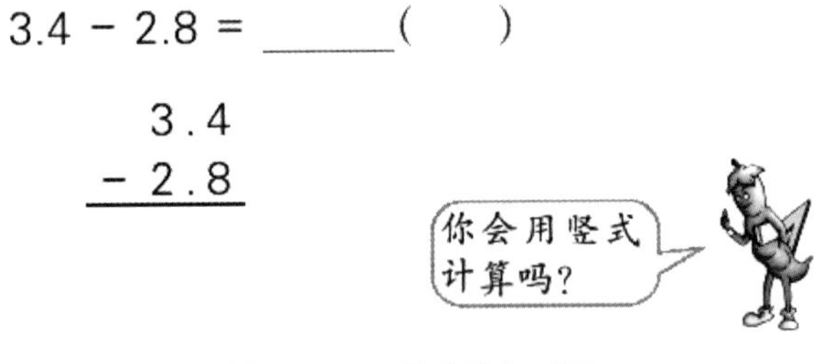

$3.4 - 2.8 = \underline{\qquad}(\quad)$

图4-6 一位小数加减法

课的最后,笔者增加了一个小讨论:"小数是特殊的分数,一百分之一和十分之一可以直接相加吗?""为什么"?再一次沟通加减法必须统一相同计数单位的"同一性"。

在计算教学过程中,应该让学生充分地理解算理,注重让学生真正理解算理,掌握具体的计算方法,形成计算技能。只有学生明确了算理和具体的方法,在生活中才能灵活、简便地进行运用。

二、培养品质是计算教学的"魂"

《现代汉语词典》对"品质"的解释为："行为、作风上的所表现出来的思想、认识、品性等的本质。"品质有很多种，工作时表现出来的是工作品质，学生计算时表现出来的是计算品质。品质和习惯有联系，又有区别。习惯是"长时间里逐步养成的，一时不容易改变的行为、倾向或者是社会风尚"。习惯有好坏之分，计算品质是在优秀学习习惯的逐步养成中形成的。常常有家长说："我的孩子计算习惯不好，总是粗心、马虎。"但笔者不这样认为，小时候粗心马虎将来长大后会变成工作态度的不严谨。计算品质的培养主要从计算的正确性、熟练性、灵活性和简捷性四个方面进行。既要抓学生计算的正确性和熟练性，即教学目标要求学生必须掌握的应知、应会的知识和方法。在此基础上，注重提升学生计算的灵活性品质和简捷性品质。计算的灵活性品质和简捷性品质属于发展性目标，应当结合学生的实际情况进行分层教学。计算品质的形成主要从以下3个良好的计算习惯进行。

1. 估算的习惯。

在计算之前，借助实际背景，对计算结果进行估计。就教育价值而言，根据脑科学家的研究成果，精算有利于培养学生的抽象能力，估算有利于培养学生的直观能力。许多估算问题是为了得到上界和下界。比如$4.75-3.4$，学生估算出它的结果$1.\square$，比1大而比2小，通过这个例子可以看出，先思维判断，后具体精算的过程，不仅能引发学生的学习兴趣，提高学生的计算能力，还能培养学生对日常生活中事物的直观判断能力，培养学生生活的自信心。

2. 验算的习惯。

俗话说："千金难买回头看。"在数学学习过程中培养学生养成验证的习惯。可以用估算的结果验证笔算，也可以用笔算的结果验证估算，还可以用逆运算验证计算结果是否正确。

3. 反思的习惯。

在计算教学中，学生需要对自己的计算方法、计算过程进行反思，还需要对计算中的错误进行反思，教师要善于利用学生的错误资源，帮助学生从"错误"走向"正确"。在实际教学中，笔者要求学生建立错题集，错题集主要包含四部分，分别是错题、错误原因、正确解答和相关题型等4个部分。

三、数学思考是计算教学的"道"

"数学思考"是从数学的角度去思考问题,发现其中所存在的数学现象,并应用数学的思想和方法去解决数学问题。学生探索知识的思维过程总是从问题解决开始,又从解决问题中得到创新和发展。数学新知教学、数学练习、思维提升等各部分都可以启发学生深入思考,用数学的眼光观察现实世界,用数学的思维解释现实世界,用数学的语言表达现实世界。

在课堂中学生解决小明买 1 个文件夹用去 4.75 元,小芳买 1 支水彩笔用去 2.65 元,小明和小芳一共用去多少元的问题。当同学们计算出 7.40 元时,笔者启发学生,你有什么想说的? 学生通过思考,我们需要对计算结果进行化简。

在课堂初步练习时,出示练习"朵朵的妈妈身高 1.66 米,朵朵站在 8 分米高的凳子上和妈妈一样高。朵朵身高多少米?"同学们发现妈妈比朵朵高 8 分米,还发现了单位不统一,不可以直接相减。

在课的最后,笔者出示了"数字算式谜"思考题,其中第二题有 2 种答案,如下图 4-7:在 ☐ 里填上合适的数字,使算式成立。

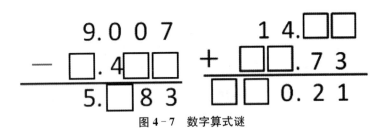

图 4-7　数字算式谜

在教学过程中,启发学生深刻思考,找准问题解决的突破口。以第二题为例,学生们从百分位开始思考,8+3=11,百分位"满十"向十分位"进一",百分位填 8;十分位填写 4,因为 4+7+1=12,同时向个位"进一";个位填 5,因为 4+5+1=10;十位上可以填 8 或 9。

教学过程中出彩的是学生的思维,课堂中需要让学生用数学的语言外显思维过程,可以让学生互相提问,互相回答,在质疑与讨论的过程中加深对数学本质的理解。教师在课堂可以常常提以下几个问题:"你同意他的想法吗? 你对他的回答有问题吗? 你能回答他的提问吗?"教学过程中需要看见学生们的思维,请放慢我们的教育步子。总之,只有把熟练地理解算理算法,注重培养学生的计算品质,引发学生的数学思考这三个方面统一起来,学生的计算能力才能更加扎实,计算教学才能富有有效性、实效性和长效性。

第五辑

好课多磨

"用数对确定位置"的三次磨课历程

"用数对确定位置"是苏教版四年级下册的教学内容,这部分内容主要教学数对的初步认识以及用数对确定位置。学生在二年级已经学习了用直线上的点描述数的顺序和大小关系,用"前、后、左、右、上、下"来确定物体的位置,会用类似"第几""第几排第几个"等方式描述物体在水平方向的位置,初步获得了用自然数表示位置的经验。本课主要对这种经验加以提升,引导学生联系日常生活经验,用抽象的数对来表示位置,进一步发展空间观念,提高抽象思维能力。数对能帮助学生初步建立二维空间的表象,架起数与形之间的桥梁,初步渗透数形结合及坐标思想,这也是学生今后学习平面直角坐标系的重要基础。学生经历由"用自己的方法确定位置"到"用列和行的方法确定位置",最后到"用数对确定物体的位置",体会数学符号的简洁性,从学到用,体会"一一对应"的数学思想。

备课之前,我经常思考以下几个问题:从学生的感性经验上升到抽象的数对来表示位置,怎样引发学生的学习需求?如何发展学生的抽象思维能力?如何增强空间观念,初步形成数形结合的思想方法,同时也为学生第三学段学习平面直角坐标系做一些铺垫和准备?如何将确定直线上点的位置、面上点的位置以及空间中点的位置形成一个完善的认知系统?基于对以上几个问题逐步深入地思考,通过磨课经历了三次演绎教学探究之路。呈现方式由单线到多维、教学目标由单一到多元、学习方式由封闭到开放的蜕变,最终形成"借助情境建立数学模型、数形结合渗透数学思想、教材整合提升空间观念"这一发展数学思维,凸显数学本质的教学设计。

第一次磨课:课堂不应是老师牵着学生走

教学"用数对确定位置",我最初认为对于数学规则应以讲授为主,辅以学生探索发现、交流获得统一的确定位置的方法。整堂课我创设了"孙悟空在哪儿"单线条的教学情境。

课堂简明过程如下:

（一）用自己的方法确定位置。

1. 谈话：唐僧师徒四人分别排成一横排、一竖排的合影照片，你能说出孙悟空的位置吗？

2. 交流：学生用自己的方式确定孙悟空的位置。

3. 设疑：为什么同一个位置，说法却不一样呢？引发学生对已有的确定位置的方法进行质疑。

4. 揭题。

（二）用列与行的方法确定位置。

1. 认识列和行的概念。

2. 用列和行确定位置。

启发：用点 A 表示孙悟空的位置，你能用第几列第几行确定吗？让学生尝试用第几列第几行进行描述。

运用：这儿还有两个表示猪八戒和沙师弟的点 B、C，也能用第几列第几行说出它们的位置吗？

（三）用数对的方法确定位置。

1. 创造数对。

谈话：像第 4 列第 2 行，能否写得再简明些呢？外国人不认识汉字，你能创造出地球人都明白的方法吗？

比较：这些方法中有哪些相同的地方？

交流、讲授并运用所学习的新知识。

2. 比较方法，比较辨析。

交流：你们喜欢哪一种方法，为什么？

汇报：再来比较一下这两种记录方法 4，3 和(4，3)。有什么相同的地方？

交流：这个数对和同学们刚才写的有什么不同？加上一个括号，有什么好处？

启发：没有括号只是单独的两个数，加了括号就成了一个整体，组成了一个数对。

追问：数对中的两个数各表示什么呢？

3. 巩固数对。

（四）数对的应用。

1. 教室中的数对。

2. 夸一夸。

谈话:孙悟空看到你们如此积极地参与课堂学习,他忍不住想夸一夸我们。他想夸的同学的位置分别在(□,4),(5,△),(□,△)。他可能是谁?

生活中利用到数对的地方:

(1)学校信箱中的数对。

(2)密信中的数对。

(五)总结和介绍数对的文化史(略)。

课后分析、整理和反思,觉得整节课主要有以下几个突出问题:

1. 课堂缺点钙。

教师对于数学知识点讲解清晰到位,但学生对用数对确定位置的价值没有深刻的认识,学生不理解我为什么要学习数对?学习数对的好处在哪里?

2. 情境有点假。

无论是孙悟空师徒四人去西天取经路上的合影照片,还是孙悟空和孩子们上课的座位图,都有虚拟的因素,为什么不用现成的教室平面座位图,孩子们天天熟悉的场景,而要舍"近"取"远"呢?

3. 探索有点浮。

通过课后访谈了解到,学生探索用数对确定位置这一片段有些浮于表面,有的学生认为只要少写几个字就是"简洁明了",外国人不认识汉字,那我们就去掉汉字,留下数,就变成"地球人都看得懂的方法了",没有架构起代数和图形两者之间的内在联系,淡化了学生的抽象能力。

第二次磨课:除了知识我们还能给孩子什么

在第一次磨课之后,我做了一个大胆的教学尝试:即给三年级的同学上"用数对确定位置",教学实施后发现学生也能够正确建立数对这一模型,初步理解数对表示的意义。于是我做如下思考:

1. 教学过程中,我们除了给予学生数学知识和基本技能,还能给予孩子什么?

日本数学教育家米山国藏在他的著作《数学的精神、思想和方法》一书说道:在学校学的数学知识,毕业后若没什么机会去用,一两年后,很快就忘掉了。然而,不管他们从事什么工作,唯有深深铭刻在心中的数学的精神、数学的思维方法、研究方法、推理方法和看问题的着眼点等,却随时随地发生作用,使他们终身受益。在学生获得数学知识的同时,能否渗透数学的理性精神和数学思想。

2. 在教学过程中,我们应该渗透哪些数学思想?

课余时间,我查阅了大量的数学史料,看到笛卡尔在发明数对的过程中对数学探索的理性精神,利用数对把数学和图形完美地结合起来。于是,在第二轮备课中,我们将"体会数形结合、一一对应的数学思想"作为教学目标之一。

通过以上两点思考,我在设计中突出了以下 2 个环节:在冲突中建立数对以及在感悟中建构数学和图形的联系,学生在探究的过程中感悟数形结合、一一对应的思想。

教学过程如下(图 5-1):

(一) 用自己的方法确定位置。

谈话:这是四年级某班一横排的座位图,小军坐在哪里?

交流:我们可以用"左"或者"右"确定物体的位置。教师板书:左和右。

谈话:现在换成了一竖排,小军坐在哪里?

交流:我们也可以用"前"或者"后"确定物体的位置。教师板书:前和后。

谈话:这是小军班级的座位图,你知道小军坐在哪里?

图 5-1 班级教室座位图

设疑并揭题:(同前)

(二) 用列与行的方法确定位置。

(三) 用数对的方法确定位置。

1. 认识数对。

谈话:第几列第几行,让我们确定位置有了统一的标准。以小军的位置为例,你能不能用简洁的方法来确定小军的位置?

尝试:学生思考、讨论、汇报交流。

汇报:去掉中文,保留阿拉伯数字,中间都用逗号隔开。

交流:为了表示第几列和第几行是一个整体,我们用一个括号括起来。

像这样用两个数表示位置,这样的一对数我们称为"数对"(板书:用数对)。

讨论：通常我先写列，再写行，老师有一个特别棒的方法，让你一看就明白，把"列"笔画中的"丨"和"行"笔画中的"二"用红粉笔加粗。

交流：你发现了什么？

汇报："列"字里面有一个"1"，"行"字里面有一个"二"。"1"很像一竖，表示第一个数表示第几列，"二"只有横画，表示第二个数表示第几行。

2. 体验价值。

谈话：用数对确定位置的方法，有什么好处呀？

汇报：简洁明了，便于交流。

（四）数对的应用。

1. 教室中的数对。

谈话：你能用数对表示你在教室里的位置吗？

交流：数对中的两个数都一样，你发现了什么？

汇报：这些同学在同一条斜线上。

表示第一列同学位置的数对有什么特点？你发现了什么？为什么呢？

表示第一行同学位置的数对有什么特点？你又发现了什么？为什么？

小结：我们不仅找到了自己的位置，而且还发现了数对和图形之间的特点，有了数对，我们就能更好地去研究图形了，数和形结合起来，让我们发现了更多的奥秘。

2. 介绍数对的发明。

谈话：数对给我们的生活带来了方便，但数对的发明却是一件非常偶然的事情。（课件播放）

欣赏：笛卡儿写给瑞典公主克里斯汀的心形线密信。

3. 猜一猜，小动物的家在哪里？

如果小狗的家用数对(2, 3)表示，你能找到它的家吗？

（五）全课小结，分享收获（略）。

第二次上课之后，我们再一次对这节课进行打磨，学生在自主探索"数对"的过程中，他们的数学思维的灵活性、敏捷性和批判性得到了训练，在汇报交流中通过对比、分析、反思，逐步形成了用数对确定位置的方法。学生在学习的过程中感悟了数学文化的魅力，把数学知识和图形联系起来，渗透了数形结合、一一对应的数学思想。我再次进行了深入思考：学生在学习确定位置后，知识是否系统化、板块化？在过程中展示一个完整的确定位置的体系，发展空间观念的最佳途径又在哪里？

第三次磨课:蜕变,指向核心素养凸显数学本质

有了前两次的教学思考,对这一教学内容有了更加清晰的认识。第三次教学设计我把教学目标指向数学核心素养的培养。这节课要指向哪些数学素养?如何使确定位置这一教学内容在学生的认知结构中建立一个完整的体系?即形成一个"经历确定点的位置——确定线上物体的位置——确定面上物体的位置——延伸到在空间内确定物体的位置"。带着以上两个问题的思考,第三次我以培养学生的符号意识、模型思想,发展学生的空间观念,感悟"数形结合、一一对应"的数学思想为目标,借助生活经验,激发认知冲突,构建系统化的教学设计。

教学过程简要记录如下:

(一)利用课题引出问题。

出示:确定位置。

谈话:看到这个课题你想提出什么问题?

汇报:确定位置是什么?怎样确定位置?确定位置有什么用?

启发:同学们提出的问题归纳起来好像有这样几种,确定谁的位置?怎样确定位置?为什么要确定位置?这节课我们一起来思考,来找出这些问题的答案。

(二)利用情境引出列和行。

谈话:在这儿确定某个同学的位置习惯用第几组第几个,看电影时电影票上有第几排第几座说法不一样,其实意义是一样的,为了方便,我们一般把竖排叫作"列";横排用"行"来表示,请看微视频。

电脑讲解列和行的概念(微视频)

(三)用列和行确定位置(略)。

(四)用数对确定位置。

1. 认识数对(同前)。

2. 数对的运用(同前)。

3. 出示图片:猜一猜,小动物的家在哪里(同前)?

4. 如果学校所在的位置用数对(3,4)表示,你能想办法用数对表示其他的位置吗?

(五)全课小结。

小结后引导:如果一个物体在长方体的房间里,我们又该怎样确定它的位置?

引导:带着这个问题,我们下课一起思考。

　　经过这一轮磨课,我对"用数对确定位置"这一教学内容有了更深刻的理解。在教学过程中要多反思自己的课堂,在学情分析的过程中要关注学生的知识起点在哪里?我将引导学生到哪里去?只有多从学生的角度去把握教材,才能为学生的数学素养的提升不断奠定基础。在进行教材处理的时候,作为教师既要关注数学的基础知识和基本技能,还要关注教材的上位知识,即我们在数学课堂中渗透数学思想和方法,把提升学生的数学核心素养作为教学目标。

基于模型思想指导下的教学尝试

——以"常见的数量关系"为例

我认为在小学阶段,模型思想体现在从现实生活或具体情境中抽象出数量关系和变化规律,进行问题解决的过程。基于模型思想的指导,我以苏教版小学数学四年级下册"常见的数量关系"为例,谈谈我在教学过程中培养学生模型思想的四点尝试。

常见数量关系是人们对客观世界中复杂的数量关系的概括和总结,具有高度的抽象性、严密的逻辑性和广泛的应用性。学生在以往的学习中积累了丰富的数量关系的基础上,学习"常见的数量关系"这一知识,既是培养学生分析问题和解决问题能力、提高数学思维水平的需要,也是学生进一步学习和生活的需要。

一、循序渐进,感悟教学模型

在认识常见的数量关系时,教材一方面通过具体的问题,引导学生全方位地理解"单价、数量、总价""速度、时间、路程"这两组数量之间的关系,掌握根据每组中任意两个数量求第三个数量的方法;另一方面,通过题组对比练习,引导学生初步体会"工作效率、工作时间、工作总量"三者之间的关系,进而掌握日常生活和生产中最常见的数量关系。

学生感悟模型思想需要经历一个长期的过程。小学数学建模必须结合学生的实际水平分层次逐步推进,既要考虑数学知识的"序",更要考虑学生认知的"序",教学过程中要让学生循"序"渐进,逐步提高学生的数学思考力和学习兴趣。

1. 正确把握学生认知的"序"。

在实际教学过程中,从学生熟悉的购物情境出发,学生对"单价、数量和总价"比较熟悉,在教学中以学生自主学习为主。而在教学"速度、时间和路程"一组数量关系时,学生理解"速度"难度很大,所以在教学过程中,先引导学生认识

"速度"以及体验"速度",再探索"速度、时间和路程"三者之间的关系。从简单到复杂,从具体到抽象,由扶到放再到收,符合学生的认知顺序。

2. 合理安排数学知识的"序"。

除了考虑学生数学学习认知的"序",我们还必须考虑数学知识的"序"。教材是先出示教材例2的购物情境图,如图5-2,引导学生说说图中已知的每种商品的单价和数量,同时用复合单位的形式表示单价,接着呈现表示购买文具单价、数量和总价情况的表格,要求学生先填表再求出总价,并思考"总价和单价、数量之间有什么关系"?在此基础上,引导学生由得到的数量关系式进一步思考:根据总价和数量,如何求单价?根据总价和单价,如何求数量?

教材例3的编排和例2完全相同。在教学中,我在遵循教材的编排内容上增加了回顾以前解决过的实际购物问题、发票中的数学问题、借助生活经验并体会速度,用线段图表示多个数量关系抽象出"每份数、份数和总数"这一"乘法模型"。构建"乘法模型"的过程中,教师让学生循序渐进,教师把模型的构建过程展示给学生,在过程中体会数学模型的作用和价值。

二、经历活动,培养模型思想

"问题情境—建立模型——求解验证"的数学活动过程体现了《义务教育数学课程标准(2011年版)》中数学模型思想的基本要求,学生在活动过程中理解和掌握有关知识与技能,积累数学活动经验,感悟模型思想的本质,提高学生发现、提出、分析和解决问题的能力,培养学生的应用意识及创新意识。

课件先出示例2情境图(如图5-2),启发学生:从图中你知道了哪些条件?

图5-2 购物情境图

生:钢笔每支12元,练习本每本3元。

教学用复合单位表示单价并出示购买商品的数量,引出"你能提出一步计算的数学问题吗?"

生1:购买钢笔一共用去多少钱?

生2:购买笔记本一共用去多少钱?

学生提出问题并解决问题,教师引导学生说出自己的想法后随机探讨单价、数量和总价之间有什么关系,探讨后引导学生回顾二年级教材上的练习题(如图5-3)。

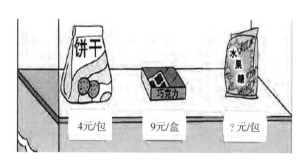

图5-3 二年级数学教材上的购物图

思考以下三个问题:

(1)张阿姨要买9包饼干,一共要付多少元?要求什么?你是怎样想的?

(2)赵阿姨用18元买了3包水果糖,每包水果糖多少元?

(3)李阿姨用27元,可以买多少盒巧克力?这又要求什么?你是怎样想的?

全班探讨"单价、数量和总价"三者之间的数量关系。抽象出数量关系之后初步应用于解决发票中的数学问题。

利用学生已有的购物经验,从生活实际或具体情境中抽象出数学模型,这是建立数学模型的基础。学生在借助生活情境初步建立数学模型的基础上,理解了只要知道"单价、数量和总价"中的任意两个数量,就可以求出第三个数量,而这三个数量关系是以"总价=单价×数量"为原型。

三、自主探究,体验模型思想

在数学学习中,建立数的概念、探索规律、理解常见的数量关系……都是学生主动获取知识的活动,需要经历自主探索建立数学模型的过程。自主探索、合作交流是学生建立数学模型的重要方式。学生在借助"总价=单价×数量"这一数量关系的学习时,对"乘法模型"的理解还停留在感性的层面上。在实际教学中,必须丰富学生的感性认识,从感性认识上升到理性认识,积累数学活动经验,从"生活化"上升为"数学化"。

在这一环节,我设计了三个活动:

1. 认识速度。

设疑:苏苏从家到学校走了 320 米,贝贝从家到学校走了 350 米,你认为哪位同学走得快一些?学生表示只有一个条件不能判断哪位同学快一些,缺少时间。

谈话:物体行驶的距离叫作"路程",现在提供给你时间。

出示:苏苏走了 4 分钟,贝贝走了 5 分钟。

交流:苏苏每分钟走多少米? 320÷4=80(米),贝贝每分钟走多少米? 350÷5=70(米),所以苏苏走得快一些。

揭示:在行程问题里,每小时、每分钟或每秒钟等行驶的路程叫作速度,这里的每分钟走 80 米是苏苏的速度,每分钟走 70 米是贝贝的速度。

在教学把速度改写成复合单位后,我又安排了第 2 个活动。

2. 体会速度。

谈话:生活中很多物体的速度是不能直接测量的,而是通过计算得出来的。

体会:刘翔 110 米跨栏的速度是 8.5 米/秒,猎豹奔跑的速度是 30 米/秒,它的速度和刘翔相比较,怎么样? 在体会海龟的速度时,我只提供一个"500 米",引导学生思考能判断这个物体速度的快慢吗?

在学生认识和体会"速度"的基础上,我由教学例 2 的引领到教学例 3 的开放,让学生通过生活情境自主探究"路程模型"。

我出示自主学习单:

自主学习单

游老师从苏州开车到泰州,每小时行驶 90 千米,行驶了 2 小时,苏州到泰州一共多少千米?

李冬骑自行车到学校,每分钟行驶 200 米,骑了 8 分钟,李冬家离学校多少米?

请你根据研究单的提示自主探索。

(1) 写:把速度改写成复合单位的形式。
(2) 算:计算出汽车和自行车行驶的路程。

表 5-1　速度、时间和路程关系表

	速度	时间	路程
汽车		2 小时	(　　)千米
自行车		8 分钟	(　　)米

(3) 想：路程与速度、时间之间有什么关系？

学生在小组合作、自主交流的过程中探索出"路程、速度和时间"这三者之间的关系，我并没有停留于"路程模型"的出示，丰富了2个问题："如果我骑摩托车从苏州到泰州，行驶了3小时，摩托车行驶的速度是多少？如果泰州开通了高铁，每小时行驶180千米/时，几小时可以到苏州呢？"同时把汽车、摩托车和高铁这三种交通工具速度、时间和路程三个数量进行分析。

再次引发学生对"当路程不变时，速度和时间有什么变化"这一问题的数学思考，学生理解是非常出彩的，"当路程不变时，速度越快，时间花得越少。"在体验数学模型的过程中也体会了"数量关系中的变与不变"。

四、回顾反思，运用数学模型

学生在构建数学模型思想的过程中，能够选择不同的数量关系解决生活中的实际问题，由"生活化"到"数学化"再到"再创造"，在这个过程中，学生进一步感知每一种数量关系体现了不同的数学模型。

回顾：今天你有哪些收获？

生1：生活中有很多常见的数量关系；

生2：常见的数量关系可以帮助我们解决实际问题；

生3：在解决实际问题的过程中，要学会总结和应用数量关系……

师生回顾所学内容后，我通过一道综合性的练习，引发学生运用本课知识，通过不同的方法解决生活中的问题。

苏苏从家到学校去上学，他的速度是180米/分钟，还有5分钟就要开始上课了，他离学校还有720米，他会迟到吗？

学生独立思考，小组交流，全班汇报。

启发：你是怎么想的？运用了哪个数量关系式？

生1：我是用比较路程的方法，180×5＝900(米)，900米＞720米。

生2：我是用比较速度的方法，720÷5＝144(米/分钟)，180米/分钟＞144米/分钟。

生3：我是用比较时间的方法，720÷180＝4(分钟)，5分钟＞4分钟。

揭示：灵活运用不同的方法发现，苏苏都不会迟到。

在实际的备课过程中，我查阅了大量资料，常常思考，能否把本课中的两个基本的数量关系合并成一个数学模型呢？数学模型思想结构的两个主要特点：

1. 数学模型是经过抽象、舍去对象的一些非本质属性以后所形成的一种纯

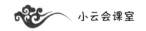

数学关系结构;

2. 这种结构是借助数学符号来表示的,并能进行数学推演,基于这种认识,我和学生有如下对话:

谈话:单价、速度可以用这样的一段线段表示,3支或3小时我们就用这样的三段来表示。今天我们学习的两个数量关系可以用线段图表示。

启发:整条线段表示什么数量呢?

交流:总价或路程。

引导:看到这幅线段图,你能想到什么?

交流:单价、速度我们可以看做是每份数,数量、时间我们可以看做是份数,用每份数乘份数我们可以求出总数。

启发:线段图中的每一份还可以表示什么吗?

汇报:每一份还可以看做是每天完成的工作量,我们每分钟完成的口算计算题,整条线段表示的是完成的工作总量。

回味:刚才我们说速度是不能直接测量的,而是通过计算得出的。例如:8.5米/分钟,这个复合单位是不是也隐藏一个数量关系呢?12元/本又表示什么数量关系呢?带着这样的问题课后我们再思考。

课后,很多有兴趣的学生在老师问题的引领下继续思考,12元/本包含了"单价=总价÷数量"的数量关系,8.5米/分钟包含了"速度=路程÷时间"的数量关系。在教学过程中,我们应让学生有更多的时间和空间去掌握数学思考的方法,体验数学问题解决的变化与联系,回味数学理性的美,最终提升学生的数学核心素养。

经历探究过程,关注直观理解

——以"整十、整百数乘一位数的口算和估算"为例

【课前慎思】

"整十、整百数乘一位数的口算和估算"是小学数学苏教版三年级上册教学内容,很多小学数学教材把口算和估算分成两个课时。估算是新增加的教学内容,为什么这么安排?原因在于需要强化学生估算意识,提高估算能力。笔者认为把两个内容合并起来最重要的是让学生沟联口算和估算的关系,即口算是估算的基础,估算需要借助口算算法。口算和估算的教学对三位数除以两位数的"试商和调商"具有重要意义。

1. 口算和估算课教什么

学习贵在有疑,学生主动提出三个数学问题"怎样算""为什么这样算""有什么用",明确本课的学习目标,激发学生学习主动性。通过复习表内乘法口诀,调整学生的学习心理,在新旧知识之间建立联系,启发学生主动寻找新知的生长点,为探索整十、整百数乘一位数口算方法提供复习铺垫。结合小棒操作尝试计算 $20×3$,在讨论的基础上引导学生理解算理和算法,把算理和算法统一起来,这个过程既让学生充分参与学习活动,又有利于培养学生的探究能力,将学习到的算法迁移到新的口算中去,体会整十乘一位数和整百数乘一位数口算方法的一致性,从而加深对数的含义和运算方法的理解。

2. 口算和估算教如何

很多孩子在解决够不够的估算问题中,不知道怎样比较估算结果和实际结果,教学过程中笔者借助数轴,比如说我们把 48 看做 50,那么 $48×4$ 的结果比 $50×4$ 的结果要小,我们"往大估"钱都够,那实际上一定够;同样的我们把 62 看做 60,$62×5$ 一定比 $60×5$ 要大,我们"往小估"钱不够,那实际上就一定不够,借助数轴,发挥几何直观,估算结果和实际结果的大小关系一目了然。教学走向教育,建立模型思想,走向数学理解。学习估算有三个环节,一是学会根据解决问题的需要合理选择估算,二是要选择适当的单位进行估算,三是学会对相应结果

上、下界的理解做出判断,即学生明确"为什么要估算""怎样估算"以及"估算时要注意什么"。教学设计中借助数轴理解估计结果和实际结果的大小关系,帮助学生进行比较,直观理解估算方法,促使学生初步体验估算的价值,掌握估算解决问题的方法,逐步培养估算意识,提高估算能力。

通过练习提高学生的计算熟练水平,增强"举一反三"和"举三反一"的能力。最后以2×3=6你能想到哪些算式?看到"(　　)×(　　)=1200"你又能想到哪些算式?建立口算和估算的计算模型,即先算几乘几,再进行推算。估算是建立在口算的基础上,比较、判断最后达成问题解决。

【课中笃行】

一、自主提问,复习乘法口诀

师:(出示课题)看到这个课题,你想提什么问题?

生:怎样算?为什么这样算?有什么用?

师:带着这三个问题开始我们的学习,先一起来复习口算。

2×3=　　　2×8=　　　3×6=　　　4×7=
6×6=　　　5×8=　　　7×8=　　　9×7=

二、经历探索,统一算理算法

1. 创设情境,提出问题

师:看来大家表内乘法学得真不错!今天有一位变化高手也来到我们的课堂,看,他是?

生:孙悟空。

师:有一天,孙悟空去西天取经的路上在超市购买3盒水蜜桃,每盒20个,你能提一个数学问题吗?

生:一共有多少个?

师:你会列式解答它吗?

生:20×3。

2. 主动探索,明确算法

师:20×3等于多少呢?请同学们先用小棒摆一摆,再说一说可以怎样计算。

学生操作,思考后全班交流,教师板书学生口算想法。

师:我们请一位同学上台来摆一摆,再说一说20×3你是怎样想的?

学生借助小棒摆法如图5-4:

图 5-4 20×3 的小棒摆法

结合小棒图学生的计算想法主要有以下 3 种。

(1) 变成加法:我把 20×3 转变成加法,20+20+20=60。

(2) 数的意义:(2 个十)×3=6 个十,6 个十就是 60。

(3) 口诀推算:2×3=6,20×3=60。

师:刚才我们用加法、联系整十数的意义、口诀推算等 3 种方法算出了 20×3=60。你喜欢哪一种方法?

生:后面两种。

师:为什么不喜欢第一种"变成加法"的方法?

生:很麻烦,如果有许多盒就有许多个加数。

师:"数的意义"和"口诀推算"这两种方法有没有相同的地方?

生:(2 个十)×3 和 2×3 其实是有联系的,都用了"二三得六"这句口诀。

师:大家知道,孙悟空有 72 变,他拔下一根猴毛,变!3 盒水蜜桃变成了 9 盒,现在你能计算出一共有多少个吗?

师生交流汇报。

3. 尝试口算,迁移算法

师:孙悟空可以让盒数变化,他还能让个数变化。出示变化条件:每盒 200 个,3 盒水蜜桃一共有多少个?你又会怎样解决?

生:200×3=

师:200×3 等于多少,你是怎样想的?

生:几十、几百乘几,也可以先按几乘几推算得数。

师:让我们最后再来一次:变!又变成了 5 盒。

生:200×5=1000 个。

师:在问题解决的过程中,盒数发生了变化,个数也发生了变化,什么没有变?

生:数量关系没有变,口诀推算的方法没有变!

师:现在你看到小棒图或 2×3=6,你又能想到哪些算式?

生:20×3、200×3、2000×3、2×30、2×300……

4. 小试牛刀,巩固口算

师:天啦,孙悟空看小朋友们学习这么认真,他带来一组题考考大家,敢不敢接受他的挑战?

生:完成练习"想想做做"第1题。

师:你是横着一题一题地算,还是竖着一组一组地算?每竖排的3道题有什么联系?

生:计算每竖排的3道题时,只要算出上面一题的得数,然后看每题乘数末尾有几个0,就在得数后面添几个0。

师:出示快乐大转盘,如图5-5:

图5-5 口算转盘图

生:学生把外圈的数和内圈的数相乘进行口算抢答练习。

三、研究估算,直观理解方法

1. 理解题意,选择估算方法

师:学会了口算,可以解决生活中的一些问题。但许多时候我们并不需要得到准确得数,只要用学过的口算来估计结果就可以,比如说在购买商品的时候,要知道带的钱够不够,我们进行估算就可以。请看大屏幕,孙悟空有200元钱,如果买4盒水蜜桃,够不够?

师:从图中你还能知道什么?

生:每盒水蜜桃48元。

学生讨论,组织全班交流。

生1:48+48=96元,96+96=192元。所以我认为200元够。

师:这里一定要算出准确得数吗?为什么?

生2:这里没有要求算出要多少钱,只是问我们够不够,所以不需算出实际多少钱,只要估计一下,看大概要多少钱就可以了。

生3:我们可以把48看作50,50×4=200元,200够了。

生4:我们把48元看大了钱都够,那实际上就一定够。

师:我们结合数轴理解估算的过程和方法。

师:我们把48看大,估算结果比实际结果就大,或者说实际结果比估算结果小,所以钱够了。

2. 变式练习,直观理解方法

师:由于天气变热,水蜜桃涨价了,现在每盒62元,300元钱够买5盒水蜜桃吗?出示自主探究单。汇报交流估算方法,并借助数轴理解估算方法。

生:我们把62元看成和它接近的60,看小了,60×5=300,我们把它看小了,估算结果比实际结果小,或者说实际结果比估算结果大,所以300元不够。

3. 对比方法,体验估算价值。

师:用估算方法解答上面两个问题的思考过程有什么不同?

生:一个是把48看作50,估算结果一定比原来大,也可以说原来的积一定小于估算结果;

师:我们给这种方法取一个名字。

生:往大估。另一个是把62看作60,估算结果一定比原来小,也可以说原来的积一定大于估算结果。

师:我们也取一个名字?

生:往小估。

师:有什么相同的地方?

生:估算时,把两位数看作和它接近的整十数,按照整十乘几来估算大约要多少元,再和原来的式子比一比就能知道够不够。

师:估算有什么好处?

生:提高我们的计算速度,解决生活中"够不够"的问题。

四、内化新知,巩固计算练习

1. "想想做做"第6题

师:孙悟空一共买了400盒水蜜桃给花果山的孩儿们,每次运72盒,6次能运完吗?你是怎样想的?

学生先尝试练习,然后全部交流。

生1:我把72看作70,70×6=420,6次能运完。

生2:70×6=420,72×6>70×6,6次能运完。

2. "想想做做"第7题

师:唐僧师徒4人买同样价格的火车票,付给售票员1300元,他买的是哪一种?先估算,再在正确的答案旁边画"√"

甲城到乙城三种不同火车的票价如下表5-2:

表5-2 票价统计表

普通列车	特快列车	动车组列车
每张198元	每张312元	每张405元

学生完成后组织讨论,说说思考过程。

五、总结收获,建立数学模型

师:看到2×3=你能想到什么?看到(　　)×(　　)=1200,你又能想到什么?我们的等号还可以是?

生:接近或者约等于。

师:(　　)×(　　)接近1200你又能想到哪些算式?

生:200多一点或少一点乘6、300多一点或少一点乘4……

师:回到我们课前提出的三个问题,你对"怎样算""为什么这样算"和"有什么用"有更深的理解吗?

【课后明辨】

为了让学生对"整十、整百数乘一位数的口算和估算"有更深刻的理解和体验,在教学过程中笔者采用了以下四个策略。

1. 自主动手操作优化口算算法。

在教学口算20×3时,借助操作小棒得出三种口算方法:变成加法、数的意义、口诀推算,再比较你喜欢哪一种方法,并说说你的理由。学生把"怎么算"和"为什么这样算"的道理表达清楚,同时沟通"数的意义"和"口诀推算"的本质联系,即"(2个十)×3=6个十"和"2×3=6,20×3=60"口算方法的本质是一致的。笔者并没有停留在小棒图理解20×3的计算结果,启发学生借助直观图想象出"20×3、200×3、2000×3、2×30、2×300"等乘法算式,2捆小棒可以想象成2个1、2个十、2个百……,我们都可以运用口诀推算出计算结果。

2. 通过情境变化沟通计算方法。

全课创设了孙悟空西天取经路上购买水蜜桃这一故事情境串,进行5次变化。一是将盒数进行变化,算式由 20×3 变成 20×9;二变是把每盒个数进行变化,算式又变成了 200×3,200×5,在口算方法上有了一次飞跃,现在是"整百数乘一位数"的口算,而且还出现在 10 的末尾添上 2 个 0,体会乘法口诀中的 0 和添加的 0 两者之间的不同;三变是把口算情境变成估算情境,200 元买 4 盒水蜜桃够不够的估算;四变是由于水蜜桃涨价了,300 元够买 5 盒水蜜桃的估算;五变是唐僧师徒 4 人买火车票的估算,层层递进,让学生无论是口算还是估算都成为一种现实生活的需要,进而主动探究完成新知的主动学习。学生体验到两种估算方法不同的是一个是"往大估",另一个是"往小估",相同的是把价钱看作和它接近的整十数,再用口算的方法计算结果最后进行比较。

3. 运用回顾反思建立模型思想。

教学中我们需要几步一回头,慢慢向前走,注重"千金难买回头看"。每一板块都安排了回顾反思环节:如在"变成加法、数的意义、口诀推算"三种方法呈现之后,启发学生:这三种方法你喜欢哪一种?为什么?为什么不喜欢变成加法的方法?后两种方法有相同的地方吗?进而在算法的多样化中进行了方法优化。再比如联系"20×3、20×9、200×5"这三道算式让学生思考它们有什么共同之处?让学生自然而然想到用口诀推算法口算的优越性。反思回顾的目的在于建立计算模型,数学模型结构的两个主要特点:数学模型是经过抽象、舍去对象的一些非本质属性以后所形成的一种纯数学关系结构;这种结构是借助数学符号来表示的,并能进行数学推演。无论是看到 $2×3=6$,你能想到哪些算式,比如 $200×3,2000×3,2×30,2×300$ 等等,还是(　　)×(　　)＝1200,或者是(　　)×(　　)接近 1200,它们都是借助几乘几推算出几十,几百乘几,几十,几百多一些或少一些乘几。

课堂上出彩的是孩子们的思维,教学过程中我们需要看见学生们的思维,请放慢教育步子。总之,只有统一算理算法,直观理解算法,学生的计算能力才能更加扎实,计算教学才富有实效性和长效性。

基于能力而教,凸显数学本质

——"认识负数"教学实践与思考

【课前慎思】

1. 不同版本教材内容编排有什么异同?

"认识负数"是小学数学苏教版五年级上册的教学内容。笔者对人教版、苏教版和北师大版三个版本的教材关于"认识负数"的内容编排梳理如下:

人教版教材安排在六年级下册,以温度引入负数,明确0℃表示淡水开始结冰的温度,接着从存入与支出延伸到相反意义的量可以用正、负数表示,并通过"向东和向西走"将正、负数与数轴上的点建立联系,在练习中以海拔高度等问题丰富对负数意义的理解。

苏教版教材安排在五年级上册,也是以温度引入负数,再研究海拔、正反方向问题,以及将正、负数的表达与数轴结合起来,整体思路与人教版教材基本一致。

北师大版教材安排在四年级上册,还是以温度引入负数,借助海拔高于海平面与低于海平面、游戏中得分与扣分、营业中盈利与亏损、存款中存入与支出、行走中向东与向西等生活实际问题丰富负数表示"相反意义的量"这一数学本质。

三个版本的教材都介绍了有关负数的数学文化。

2. "负数"概念的核心和本质是什么?

负数意义的本质是表示意义相反的量,即先确定一个标准,这个标准是正数和负数的分界点,没有这个分界点,正负的概念就无从谈起。确定标准之后,用正、负数表示相反意义的量就是负数概念教学的关键。标准可以是绝对标准,也可以是相对标准;意义相反的量可以是生活意义上的相反,如收支、盈亏、输赢等,也可以是数学规定的相反意义,如零上零下气温、海拔高度等。

3. 基于能力的教学目标有哪些?

本课确定以下3个教学目标:

(1) 在具体情境中理解负数的意义,了解负数产生的背景,知道正数和负数的读、写法,0既不是正数,也不是负数,负数都小于0。

(2)经历自主探究、独立思考、合作交流等学习方式理解用正、负数表示实际问题中具有相反意义的量,丰富对负数概念的认知,提高问题解决的能力。

(3)体验数学与生活的联系,感悟负数在日常生活中的应用价值。

基于以上认识,"认识负数"教学流程如下:

【课中笃行】

一、了解起点,提出探究问题

师:孩子们,今天我们一起认识负数。生活中你在哪里见过负数?

生:股票亏损、地下停车场、温度、欠款等等。

师:关于负数,你想研究什么?

生:负数的意义、计算、读写、用途、历史……

师:厉害,负数的产生、用处、意义都是我们需要研究的内容。今天我们主要研究负数的意义,让我们从找负数开始。

二、自主探究,借助情境理解

1. 学习负数的读写法

出示8个数并齐读:6、-4、-2、+2、1、-13、+5、-3。

师:把这8个数进行分类,你能找出负数吗?小组内先交流,再操作汇报。

生:负数有-4、-2、-13、-3。

师:你是怎么想的?

生:这四个数前面都有减号。

师:在学习运算的时候,这个小短横叫做减号,把它放在一个数的前面就叫做负号,看来负号和减是有关系的哦!负数都带着负号的,那正数呢?你能找出正数吗?

生:找出正数,"+2,+5"。

师:1和6是不是正数,为什么?

生:1就是+1,只不过是为了更简洁,习惯上把正数前面的正号省略不写。

师:正号可以省略不写,负号也可以省略不写吗?为什么?

生:不能,那样就分不清楚是正数还是负数。

2. 借助情境理解负数

师:我们已经会读写正、负数,拿出2和-2这两个数,+2和-2的意义一样吗？你能用图、算式或文字等形式表示出-2的意义吗？看谁的想法多哦！

生：汇报展示作品。

生1：用温度计图形表示-2。

师：你是怎么找到-2摄氏度的？

生1：先找到0摄氏度，-2摄氏度就是0度往下数2小格，就是-2摄氏度。

师：你能在温度计上找出+2摄氏度吗？你又是怎么找的？

生：也是先找到0摄氏度，再往上数2小格，就是+2摄氏度。

师：以0摄氏度为标准，0以上是正数，0以下是负数。

生2：用减法算式"0-2=-2"表示-2。

师：你是怎么想的？

生2：表示0比2少2，少2用-2表示，-2表示少于或不足。

师：看着这个式子，反过来想一想，你能想到+2吗？

生2：可以，2-0=2表示2比0多2，多2用+2表示，这里的2也就是+2表示多余。

师：以一个数为标准，多余用正数表示，不足用负数表示。

生3：用文字表示-2。

生3：-2表示地下2层。

师：那你觉得+2就应该表示？

生3：地上2层。

师：以地面为标准，地上用正数表示，地下用负数表示。用温度计、算式、文字表示-2有没有相同的地方？

生：不管是+2还是-2，都要先找到一个标准。温度计以0摄氏度为标准，算式以一个数为标准，楼层以地面为标准，这个标准我们可以用"0"这个数表示。看来0这个数特别重要，用正负数表示一个数量的意义，先要确定标准。

师：举了这么多例子，现在我们再来看看+2和-2，它们哪儿不一样？

生：+2表示零度以上，-2就表示零度以下；+2表示多余，-2就表示不足；+2表示地上，-2就表示地下，也就是说它们表示的意义相反。

师：那生活中还有这样表示相反量的例子吗？

生：盈利、亏损，收入、支出……

师：那+2和-2，还有一样的吗？

生：一个是比0多2，一个是比0少2。它们与0都相差2，相差数是一样的！

师：从今天起，我们看一个数需要从两个角度，一是它的符号，正的就表示比标准多,负的就表示比标准少;二是它的数量,究竟与标准相差了多少单位。

3. 深入理解负数的意义

师:出示珠峰主题图,某地的海拔高度是—155米,可能吗?

生:可能。先找到一个标准,这里把海平面看作标准,记作0米,它比海平面低155米,海拔高度用—155米表示。

师:明白了负数的意义,那负数是怎么来的呢?观看数学文化视频。你又有什么收获?

生:交流观看体会。

师:如果我们把温度计和珠峰图按顺时针旋转90度,就得到一条数直线,如图5-6:

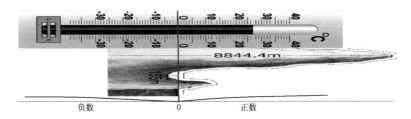

图5-6 珠峰图与温度计图

师:你能给标准0找一个位置吗?把所有数都表示在这条直线上,负数表示在哪里?正数又在数直线的哪个位置?

生:正数都大于0,在0的右边,负数都小于0,都在0的左边。

师:0是正数还是负数?

生:0既不是正数,也不是负数,0是正、负数的分界点,就是标准。

师:你能把"6、—4、—2、+2、1、—13、+5、—3"这些数按照从小到大的顺序排列吗?

生:学生排列数的顺序。

师:你能把这8个数摆放在数直线上吗?

生:向右向左添加单位,逐步抽象成数轴。

三、深化理解,内化数学模型

1. 出示初步练习

(1) 边防战士冒着零下40℃的严寒进行巡逻,记作(　　)。为什么?

(2) 煤矿工人在地下488米的矿井里采煤,记作(　　)。

(3)升降机下降10米记作-10米,下降5.6米表示(　　　　)。

2. 自主尝试,全班交流

生:生活中很多地方用到负数,解放军和煤矿工人都非常辛苦。

四、激发冲突,拓展提升能力

师:小明将小红的身高表示为2 cm,这是为什么呢?这里的标准是什么呢?

生:可能把小明的身高看作标准,2 cm表示小红的身高比小明高2 cm。

师:小明又将小红的身高表示为-6 cm,这又是为什么呢?

生:把另一个同学的身高看作标准,小红比另一个同学矮6 cm,所以用-6 cm表示。

师:同样是小红的身高,为什么有时用2 cm表示,有时又用-6 cm表示呢?

生:标准变了,表示意义的数也就随之改变。

【课后明辨】

数学课堂是值得细细推敲,审慎反思的。我再次观看课堂实录,做出如下思考:

一、抓住问题,经历再创造

"再创造"是"做数学"的过程,教师积极引导学生"重走数学家之路",通过"再创造"的学习过程,由学生本人把学的东西自主去发现或创造出来。本课以"认识负数"为核心问题,引导学生联系日常生活经验,让学生重走数学家探究发现之路,经历由"温度中的-2"到"算式中的-2",再到"情境中的-2"……最后到"数轴中的正、负数",紧紧围绕"标准"和"相反意义的量"两个关键点展开教学,体会数学符号的简洁性与统一性,从学到用,体会"相反意义的量"的负数概念本质,学生经历数学"再创造"的过程。在"再创造"的过程中不仅要关注数学知识和方法的背景、形成、应用以及它与其他知识和方法的联系,而且要处理好局部知识和整体知识的关系,进而帮助学生理解数学的本质和价值,体会数学的思想和精神。

二、把握本质,促进真学习

负数的本质在于"表示相反意义的量"。如何让学生理解和掌握"标准"和"表示相反意义的量"这两个关键点?学生先根据生活经验,在"零上与零下、多余与不足、高于海平面和低于海平面"等具体情境中建立标准,体会负数表示意义相反的量;再将温度计和珠峰图巧妙旋转,学生把具体的事物转化为抽象的数轴,借助数轴理解相反意义的量,实现数学抽象,将标准也抽象为数轴中的0,丰富学生对负数意义的理解。教学要激发学生的认知冲突,从绝对标准走向相对标准,如小明将小红的身高表示为 2 cm,这里的标准可能是把小明身高看作标准,2 cm 表示小红比小明(即标准)高 2 cm,而小明又将小红的身高表示为 -6 cm,这可能是把另一个同学的身高看作标准,小红比另一个同学矮 6 cm,所以用 -6 cm 表示。同样是小红的身高,为什么有时用 2 cm 表示,有时又用 -6 cm 表示呢?原因在于标准变了,表示意义的数也就随之改变,但数的本质意义却没有改变,依旧是先建立标准,然后再和这个标准进行比较,比标准高或比标准低,我们就用正负数表示这组"相反意义的量"。

三、发展能力,培养好思维

小学生的思维由具体形象思维逐步向抽象逻辑思维过渡。从温度、盈亏、高低、地上地下等情境出发,由简单到复杂、从具体到抽象,螺旋上升,符合学生的认知顺序,不断丰富学生对负数概念的认识。特别地,在教学过程中借助直观,如文字直观、图形直观等,组织学生开展探究、操作、观察等活动,引导学生深入思考,逐步达到抽象水平。在构建负数的意义过程中,我们要注重培养学生主动探索的意识、独立思考的精神、初步的理性精神以及实践创新能力;注重培养学生有条理地表达自己想法的能力,以及良好的交流沟通能力。波利亚认为:"学东西的最好方式是发现它。"教师应该为学生亲自发现尽可能多的东西提供更多条件。从建构标准到抽取本质再到理解负数的意义,教师不是把知识的全部秘诀一下子灌输给学生,而是让他们深入思考,在自主创造中建构知识,体会思考的乐趣。

总之,数学教学应注重培养学生的数学能力,突出数学知识的本质,让学生在探究中感受数学、理解数学、应用数学。

在过程中生长数据分析观念

——《数据的分段与整理》教学设计与反思

数学让我们从确定性中寻找力量。数据分析是数学六大素养之一,数据分析是统计领域的核心。在大数据时代,培养学生的数据分析能力有利于提高学生发现问题和提出问题的能力以及分析问题和解决问题的能力。

【课前慎思】

《义务教育数学课程标准(2011年版)》指出:"经历简单的收集、整理、描述和分析数据的过程。"在统计与概率教学领域,数据分析是统计的核心,让学生体会到数据中蕴含着信息,同样的数据可以有多种不同的方法,可以用统计图分析,也可以用统计表来分析,在统计过程中体验随机性。

分段整理数据是基本的统计活动,也是最常用的方法。《数据的分段和整理》是苏教版小学数学四年级上册的内容,教材要求学生采用画"正"字的方法,并提供了分类统计的记录单。在分类整理数据时,做到不遗漏、不重复,并把各个数据正确地归属到统计表中。

学生已经初步学习了简单数据的收集和整理,知道用画"√"、画"□"、画"正"字等方法收集整理原始数据,依据学生的认知发展规律和已有经验,运用画"正"字的方法把数据进行分段整理,学生借助自己理解的特殊"记号"帮助自己计数过程中不重复、不遗漏地进行分段整理,充分理解分段整理的好处以及在什么情况下需要进行分段整理,提升学生的数据分析观念、提高学生的数据分析意识。

基于以上对教材和学情的理解,我在备课过程中针对以下几个问题进行思考:为什么要学习分段整理?分段整理数据的好处仅仅是指向问题解决吗?怎样进行分段整理数据,数据的分段标准是老师直接给予还是让学生自主探究?在什么情况下需要进行数据的分段整理?学生如何经历完整数据分段整理的过程性学习并建立起初步的数据分析观念?经过不断地追问与思考,我进行了以下的教学尝试:

【课中笃行】

一、创设情境,激发需求

1. 激发冲突,引入学习

师:梅峰小学遇到了一个有关统计的实际问题,出示主题图片。

师:梅峰小学准备为鼓号队员购买服装。服装分为大号、中号和小号。你知道每种服装各要购买多少套吗?

生:缺少信息,即缺少每位同学的身高、体重、性别等信息。

师:是的,购买服装时什么信息最重要?

生:最重要的信息是身高。

师:出示鼓号队1至32号队员的身高记录单,从这张记录单中你能知道哪些数学信息?

生:最高的是27号同学,159厘米,最矮的是3号同学,134厘米。

师:现在你能知道每种服装各要购买多少套吗?

生:不能。

师:为什么呢?

生:缺少"多高穿多大的衣服",即统一的分类标准。

师:你认为应该用什么样的标准进行分类?

生:应该以身高这一标准进行分类,身高高的穿大号,身高矮的穿小号,不高不矮的穿中号。(学生举例说一说。)

师:是的,你们想的和老师想到一块儿去了。出示标准,学生观察,你又知道了什么?

生:身高130～139 cm的队员适合穿S号,就是小号;140～149 cm的队员适合穿M号,也就是中号;150～159 cm的适合穿L号,也就是大号。

师:把上面这些数据分成了几段?每段范围是10厘米一段,这样分有什么好处?

生:段数不能太多,也不能太少,在这里,3段比较合适。

【设计意图】 结合鼓号队队员买服装的现实生活情境,基于问题解决的需求激发学生的学习需求。在身高、体重、性别等数据中先做调查研究,收集数据,通过分析做出判断,学生在学习过程中感悟数学的研究方法。结合具体情境,理解并掌握对较多数据进行分段整理、分析数据,初步体会数据中蕴含着信息。

2. 尝试统计,体验方法

师:身高数据有了,分段标准也确定了,现在我们知道各种服装需要购买多

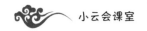

少套吗?

生:不能,要统计不同分段的人数。

师:你能用画"正"字的方法整理这些数据吗?

生:尝试进行整理数据并汇报分段整理数据的结果。

师:为什么这两位同学都是用画"正"字的方法进行统计,可是统计结果不一样呢?

生:分段整理时,可能是重复计算了,也可能遗漏了。

师:观察分段整理的结果,要知道每段人数各有多少,你要数一遍"正"字的笔画数量,他要知道结果也要数一遍"正"字的笔画数量,我看还是要数一遍,你觉得怎么样?

生:很麻烦。

师:怎么样才能不麻烦,让所有人一眼看出分段整理的结果呢?

生:把整理的结果替换成"数据"填入统计表。

师:合计这一栏你是怎么样得到的?填写这一栏有什么好处?

生:可以检验统计过程和结果是否正确。

师:现在能知道购买各种服装多少套吗?从这张统计表中,你能知道什么信息?

师:27号队员的身高是159 cm,你估计一下他在鼓号队担任旗手还是指挥,为什么?

生:27号队员可能是指挥,他的个子最高,担任指挥有气势。

师:3号队员的身高是134 cm,你估计一下他在鼓号队担任什么角色?为什么呢?

生:3号队员可能是小号手。

【设计意图】通过数据分析的教学,使学生体会到统计时需要收集数据,运用数据分析,能解决日常生活中很多实际问题,从而感受统计的价值,发展学生的应用意识。

二、回顾反思,提升素养

1. 回忆过程,提高能力

师:我们刚才经历了几个步骤进行分段整理数据?

生:我们通过收集数据、整理数据、描述数据和分析数据。

师:通过统计,你有什么收获?

生:通过分段整理,可以知道每种服装要买多少套,我们最终解决了实际问题,分段整理时,要注意不重复、不遗漏。

师:如果不给你原始数据整理表,直接给你统计表,你可以用画"正"字的方法进行统计吗?

生:可以的,先统计,再验证,填表之后再擦去。

2. 增强意识,提升素养

师:在什么情况下我们要对数据进行分段整理统计?

生:数据较多,要分成几段不同范围的时候。

【设计意图】分段整理数据进行统计、分析数据,经历统计的过程,积累数据统计经验,体验分段整理数据的好处,不重复、不遗漏。通过回顾与反思,体验数据分析的方法,增强数据分析意识,提高学生的数学素养。数学分析帮助我们解决了生活中的实际问题。在分析数据的过程中,学生感悟到整理数据的分段非常重要,为了合理地对数据进行分段,首先要找出这组数据中的最大值和最小值,然后根据最大值和最小值确定数据区段,一般以5、10、15等为区段。当然,应该根据实际情况来灵活确定。

三、巩固练习,内化新知

1. 初步练习,练一练

出示:练一练。

师:读完这段话,你知道了什么信息。

生:汇报交流。

师:要解决什么问题?

生:要知道购买免票、半价票和全价票各有多少人?尝试统计收集各小组的身高,并分段整理。

师:120 cm 以下是什么意思? 120~150 cm 呢? 150 cm 以上呢?

生:120 cm 以下不包含 120 cm,150 cm 以上也不包含 150 cm。学生尝试解决。

师:我们班级同学乘火车时,是需要购买全价票的人多,还是半价票的人多? 你知道了什么?

2. 深入练习,练习七第 2 题

学生尝试练习并集体汇报交流。

师:张小红 1 分钟仰卧起坐的成绩在这个班女同学中排在前 10 名。你能估

计她的成绩可能是多少吗?

生:你有什么话对张小红说的?

四、全课总结,增强意识

师:这几课我们学会了什么?在分段整理数据的过程中我们要注意什么?它有什么好处?你能上台说给同学们听吗?

师:如果梅峰小学1号队员的身高不是146厘米,而是136厘米,我们的分段整理结果会发生变化吗?为什么呢?

生:记录单中只要有一个数据发生变化,整理的结果就有可能发生变化。

【设计意图】通过练习,学生能够熟练运用所学知识,理解知识,巩固新知,积累数学活动经验,体会到数学学习的乐趣,提高学好数学的自信心。通过改变数据引发对统计结果的变化,体会数据的随机性。

【课后明辨】

一、基于素养,发展数学分析意识

"统计与概率领域的教学重点是发展学生的数据分析意识,培养学生的随机观念。难点在于,如何创设恰当的活动,体现随机性以及数据获得、分析、处理进而做出决策的全过程。"可见,数据分析是统计的核心。作为一线教师我们要读懂教材,更要高于教材解读,收集素材,为学生建立数据分析观念建立基础。这节课我们用问题引领学生思考,尤其是用核心问题"每种服装各要购买多少套"引发学生进行数学思考。比如,对学生的服装进行分段整理,我们要考虑哪些有效信息?孩子的身高、服装的型号、身高与型号的匹配关系等等都是我们要考虑收集的有效信息。基于实际问题的需要,我们可以根据分段标准,让学生经历收集数据、整理数据、描述数据和分析数据的一个完整过程,提高学生的数据分析能力。通过数据分析,发展学生的数据意识;通过数据分析,学生从中提取有关数学信息,使学生体会到统计时需要收集数据,应用数据分析能解决日常生活很多实际问题,从而感受统计的实际价值,发展学生的应用意识。

二、经历过程,生长数据分析观念

在收集、整理、描述和分析数据的过程中,要把学生往前推。精彩的应该是学生的思维,让学生自主探索,学习新知,从学生内需出发明确学生的学习要求。《数据的分段和整理》要把重点放在学生数据分析观念的培养上,让学生带着问题去思考,基于解决问题的需要,让学生体会到为什么要分段?怎样分段?分段有什么好处?本课学生的学习主要经历三个过程,首先是对数据进行分类,分类是描述和整理数据的开始;其次进行必要的归纳和整理;最后把整理后的数据运用统计表直观地表示出来,并进行适当的分析,为我们解决"每种服装各要购买多少套"这个核心问题做出决策和推断提供依据。让学生经历整理数据的过程,在体验中形成数据分析问题的意识和习惯,在过程中生长数据分析观念。在实际背景中,即学校鼓号队购买服装这一背景中,通过对数据的归纳整理和分析判断,我们可以发现隐藏的规律,个子最高的同学可能是指挥,个子高的同学可能是护旗手,个子矮的同学可能是小号手,购买服装为什么我们只考虑身高,而不考虑体重因素,原因在于学校的鼓号队队员整体看上去应该比较整齐一些……这就培养了学生对一些杂乱无章的有实际背景的数进行感悟,根据要解决的实际问题寻求好的方法进行分析和判断,得到必要的信息达成问题解决。

三、积累经验,掌握数据分析方法

数据分析问题来源于生活、回归于生活、应用于生活,与日常生活紧密联系。比如孩子在玩"掷硬币""投篮"等游戏过程中已经感悟到可能性并对"输赢""是否投中"进行预测和分析,这说明小学生已经有"数据分析"的生活经验,教学过程中需要借助学生已有的生活经验,利用现实的情境进行教学设计,有利于让学生感悟"随机思想",树立随机意识,掌握数据分析方法。比如练习七第 2 题的第 2 个问题:"张小红 1 分钟仰卧起坐的成绩在这个班女同学中排在前 10 名。你能估计她的成绩可能是多少吗?"排在前十名可能是第 1 至第 10 的任意一个名次,根据分段整理的结果进行分析,她的成绩可能在 50~59 之间,也可能在 40~49 之间,这里我们采用了统计表的分析方法,启发学生我们还可以采用条形统计图的方法对这一组数据进行分析。在过程中积累数学活动经验,合理采用适当的方法对数据进行分析,从这些偶然性的现象背后揭示出某些规律来,作出合理的决策,最终获得问题的解决。

把握画图本质，发展关键能力

——以"解决问题的策略（画图）"为例

【课前慎思】

"解决问题的策略（画图）"是苏教版义务教育教科书数学四年级下册第五单元的内容，在第一学段的教科书里，已经出现过直条图、线段图或示意图，这都是学生已有的知识经验。四年级上册灵活选择解决问题的策略，既可以从条件想起，又可以从问题想起，利用数量之间的对应关系，通过"列表"整理条件和问题。本单元的解决问题策略，通过画线段图或示意图表示实际问题里的数学信息，借助几何直观分析稍复杂问题情境中的数量关系，探索解决问题的步骤与方法。

几何直观对于现代公民来说是不可或缺的关键能力之一。关键能力一般指最终能剩下来、带得走、可再生的能力。数学关键能力是指在数学知识的积累、方法的掌握、运用和内化的过程中，学生以数学的视角发现问题、用数学的思维分析问题、用数学的方法解决问题的能力，这种能力对现代公民的生存和生活不可或缺。几何直观也是最基本的数学关键能力之一。《义务教育数学课程标准（2011年版）》在第一部分前言的"课程设计思路"中描述了"几何直观"其定义、价值与作用："几何直观主要是指利用图形描述和分析问题。借助几何直观可以把复杂的数学问题变得简明、形象，有助于探索解决问题的思路，预测结果。几何直观可以帮助学生直观地理解数学，在整个数学学习过程中都发挥着重要作用。"这是理解几何直观的最重要依据，课标在"学段目标"的"数学思考"中两次提到几何直观，即第二学段"感受几何直观的作用"，第三学段"初步建立几何直观"。针对以上分析，从以下三个方面进行备课思考：

1. 重在确定标准，提高画图能力

小学生的问题解决思维水平离不开具体形象思维的支持，几何直观凭借图形的直观性特点将抽象的数学语言与直观的图形语言有机结合，理清问题解决的思路，突破数学理解的难点。心理学研究表明：借助几何直观有利于把内隐的程序性知识用清晰的数学语言显现出来。笔者和六年级、初高中的各科教师交流,都发现大多数学生不会画图,更谈不上借助几何直观分析数量关系。不会画图的根源在于不知道画线段图的一般步骤和基本方法。通过教学,学生需要知道画图应一般先画"标准",画出"标准"后才好画出和"标准"作比较的数量,为六年级分数实际问题打下基础。学生能用图形表达和分析非常规问题情境中(含有几个"单位1")的数量关系。无论是这节课的相差关系、倍数关系的实际问题,还是将来的分数、百分数实际问题,或者是初高中理科学习实际问题,画图之前都要先找到"标准",然后再根据"标准"画出和标准进行比较的数量。

2. 重在策略教学,而非解决问题

在教学画图策略时,需要使解决问题的策略趋于多元化、数形结合,有利于提高问题解决的能力。画图作为解决问题的一种基本策略,不是指解决某类特定问题的特殊方法,而是指适用于解决大量的、各种各样实际问题的思想方法,具有广泛的应用性。解决问题的策略教学需要一个较长的过程。这就是说,形成画图策略,应该了解画图、学会画图、体验画图、自觉运用画图,而不能把解决问题的策略变成解决问题,教学的重点应该建立在"策略教学"上。为了让学生真正提升问题解决的素养,不仅要借助情境、动态演示、画图等直观手段帮助学生整理题目中的条件和问题,还要巧妙地借助数学符号语言分析比较隐蔽的数量关系,促成学生借助几何直观生成理性化认识,从而使学生真正领悟几何直观的本质内涵,感受策略的价值,形成策略意识。

3. 重在策略运用,感悟策略意识

在教学中,教师应鼓励学生以自己喜欢、易理解的几何直观方式来刻画自己的思维,鼓励学生从不同的角度思考同一个问题,注重引导学生对各种方法进行对比及优化,发现不同方法之间的区别与联系。几何直观的培养是一个过程,借助几何直观解决实际问题应贯穿教学的始终,在教学过程中有意识地渗透。借助几何直观这种思维方式,激发学生的内在需要,经历几何直观的过程,体验几何直观的价值以及形成几何直观的意识等促使学生对几何直观的深刻把握,提升学生的策略素养。

【课中笃行】

【教学内容】苏教版义务教育教科书数学四下第五单元"解决问题的策略——画图"

【教学目的】

1. 学生能够借助线段图理解题意,分析比较隐藏的数量关系,形成解题思路,运用画线段图策略解决相差关系和倍数关系的实际问题,提高分析问题和解决问题的能力。

2. 经历画图策略的形成过程,体验画图策略的价值,提升问题解决的策略意识。

3. 运用画图策略,分析数量关系,多种方法解决实际问题,提高学习数学的兴趣和自信心。

【教学重点】掌握画线段图解决实际问题的策略。

【教学难点】学会画线段图表示题意,感悟画图策略的价值。

【教学过程】

一、谈话导入,链接已有经验

师:我们学习了哪些解决问题的策略?

生:从条件想起、从问题想起、灵活解决问题的策略、列表整理条件和问题。

师:今天我们继续学习解决问题的策略。

二、借助情境、达成问题解决

1. 激发内需,感悟策略

师:出示例题1,小宁和小春共有72枚邮票,小春比小宁多12枚。两人各有邮票多少枚? 请学生读题。

师:读完一遍题,理解题意并有想法思路的同学请举手。

师:我们能不能运用以前学习过的"从条件想起、从题想起、灵活解决问题的策略、列表"等策略帮助我们解决问题?

生:很难,不好解决,题目中有两个未知量。

师:我们还可以运用什么策略解决问题呢?

生:画图、画线段图……

师:今天我们运用画线段图来解决实际问题,怎么画线段图呢?

【设计意图】尊重学生已有解决问题策略的知识经验,激发认知冲突,点燃学生"画线段图"这一新策略的学习需求。

2. 经历过程,体会画图

师:我们一边读题一边画图,需要画几条线段? 为什么?

生:2条,因为有2个最基本的数量:小宁和小春的邮票枚数。

师:先画谁呢?

生:先画小宁,因为是小春和小宁比较,把小宁的枚数看作"标准"。

学生自主尝试画一画。

师：你是怎样想的？

生：我画了2条线段，先画"标准"，用一条线段表示小宁的数量。小春比小宁多12枚，画和小宁一样多的数量，再画多出12枚的部分，这样就表示出小春的数量，标出已知条件和所求的问题。

生：修改线段图，修改后如图5-7。

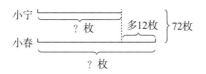

图5-7 解题线段图(1)

师：现在你是看图还是看原题的文字，为什么？

生：看图，直观清楚。

师：图中能告诉我们什么信息？多出的12枚在哪里？总共72枚在哪里？

生：同桌交流。

师：有了线段图，我们可以怎样分析这两个数量之间的关系？现在两个数量不相等，能不能把两个数量变得相等？

生：学生同桌讨论。

学生汇报：

生1：我把小春的邮票数量减去12枚，这样两人就一样多了，因为小春减少12枚，所以总数也就减少12枚，就是60枚，60枚相当于2个小宁的数量；

生2：我把小宁的邮票数量加12枚，这样两人就一样多了，因为小宁加上12枚，所以总数就增加12枚，也就是84枚，84枚相当于2个小春的数量；

生3：我把小春给小宁6枚邮票，这样两人就一样多了，也就是72÷2＝36枚，然后再还原，得到原来两人的邮票枚数。

师：也就是我们有三种思路："把多的减去；把少的加上；给一半留一半。"通过画图，讨论，现在能理解题意并能直接解答的同学请举手。

生：独立解答并上台板演、结合线段图汇报算式的意义和想法。

生1：72－12＝60枚，60÷2＝30枚→小宁，30＋12＝42枚→小春。

生2：72＋12＝84枚，84÷2＝42枚→小春，42－12＝30枚→小宁。

生3：72÷2＝36枚，12÷2＝6枚，36－6＝30枚→小宁，36＋6＝42枚→小春。

师:你有什么办法证明你的答案是对的?

生1:可以进行检验,我是用代入法的方法进行检验,把得数代入原题,42+30=72枚,42-30=12枚,符合所有已知条件,所以我们的解题过程是正确的。

生2:我们也可以用另解法,用第2、3种方法检验第1种方法。

师:老师要考考你们,这三种方法有哪些不同?有哪些相同?

生:第1和第2种方法,是把多的去掉或把少的加上,邮票的总数发生了变化;第3种方法是给一半留一半,邮票的总数没有发生变化,它们的相同点都是运用线段图来分析隐藏的数量关系。

3. 回顾反思,体验策略

师:回顾我们解决问题的过程,我们是怎样画线段图的,画图有什么好处?

生:清楚直观、便于我们分析数量关系。

师:我们在什么情况下会用到画线段图的策略?

生:在解决相差关系问题的时候会用到画线段图的策略。

师:在以前的学习过程中,我们在哪里用到画图的策略?

生:倍数问题、周期问题、周长和面积等等。

【设计意图】经历完整的画图策略的形成过程,先建立"标准",再画出和标准进行比较的数量,标出条件和问题,学生了解画图、学会画图、体验画图、运用画图,最终形成画图策略,感悟数形几何的优越性,发展借助几何直观,用图形表达和分析非常规情境中的数量关系的能力。

三、联系生活,内化画图策略

1. 初步练习

师:如果老师把这道题变一变:把小春比小宁多12枚变为比小宁少12枚?你还会画图吗?你是怎样想的?

生:还是先找标准,把小宁的枚数看作标准。学生独立画图,如图5—8。

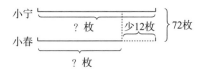

图5-8 解题线段图(2)

师:从图中你能获得哪些信息?

生:根据线段图说出文字信息。

师:从文字到线段图,再从线段图回到文字,你有什么想说的?

生:线段图要和数学结合起来。

师:是的,华罗庚曾经说过:"数缺形时少直观,形少数时难入微。数形结合百般好,隔离分家万事休。"你又有什么想说的?

生:线段图比较直观清楚,便于分析隐藏的数量关系。

2. 深入练习

师:老师又要改变其中的一个条件,小宁和小春一共有72枚邮票,小宁是小春的3倍,两人各有邮票多少枚? 现在你还能用画图的策略帮助我们分析数量关系吗?

生:尝试画图。

师:你是怎样画图的? 我们还可以画草图,来帮助我们理解之间的数量关系。

生:我还是先找标准,小宁是小春的3倍,现在是把小春看作"标准",所以先画出小春的线段,再画出3个标准,就是小宁的线段,如图5-9。

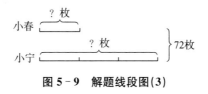

图 5-9 解题线段图(3)

生:交流列式以及解决问题的方法。

3. 开放练习

师:如果你是老师,你会怎么改变题中的条件变成另外一个新的问题,先独立思考,然后同桌讨论。

汇报:

生1:我们可以改变第一个条件,变成相差关系;

生2:我们可以把两个数量的倍数关系变成不是刚刚好整倍数,也就是3倍多一点或3倍少一点……

师:无论是相差关系,还是倍数关系,我们都可以运用画线段图的策略解决实际问题。

生:课后改编实际问题并独立解答。

【设计意图】"教是为了不教。"通过变式练习,由浅入深、由易到难,感悟画图的价值,提升画图的策略意识,尤其是学生自主改编实际问题的条件,无论是相差关系、倍数关系还是倍数关系多(少)一些,画图的方法和本质都是一样的,即先画出"标准",再根据"标准"画出和标准相比较的数量,有助于我们分析比较隐藏的数量关系,有利于凸显画图的价值,发展学生策略的迁移能力。

四、全课小结,提升策略意识

师:关于解决问题的策略,你有什么新的认识?

生:我学会了运用画图的策略解决实际问题。

师:什么情况下我们会运用到画图?画图策略有什么好处?

师:关于画图,以后我们还会在很多地方运用到这一策略,比如我们刚刚回忆到的周长和面积问题。

【课后明辨】

为什么会选择"解决问题的策略——画线段图"这一教学内容作为公开课,源于我教了许多六年级学生,不会画线段图,更谈不上会用线段图分析较复杂的数量关系。

学生在经历问题解决的过程中学会用直观示意图的方法整理有关信息,能借助所画的直观图或线段图分析实际问题中的数量关系,确定解决问题的正确思路是本节课的教学目标,简言之,就是会画图、会用图。

首先是会画图。

画图先要明确把"哪个数量"作为标准,数学中的相差关系或倍数关系都离不开把"其中一个数量"看作标准,如小春的邮票枚数比小宁多12枚、小春的邮票枚数是小宁的3倍,这两个信息都是把"小宁的邮票枚数"看作标准,也就是六年级所讲的"单位1"。明确了标准,再画出和标准作比较的数量,为了便于比较,我们通常把标准量放在图的上半部分,比较量放在图的下半部分,并且左边都对齐。在画图的过程中,我们是读一句画一句,学生读题,在了解题意后要进行画图,学生在画图的过程中,出现了许多问题,教师应指导画图。我们要把所有的已知信息用图表示出来,未知信息用问号表示。

"解决问题的策略"主要引导学生用画图的策略整理题目的条件和问题,进而分析数量关系,解决问题,同时巩固上学期学习的列表法整理信息的能力,让学生在解决实际问题的过程中合理选择解决问题的策略,体会解决问题策略本身的价值。

其次是会用图。

会用图就是用线段图找出隐藏的数量关系。比如小春和小宁一共72枚邮

票,小春的邮票枚数比小宁多 12 张,两人各有多少张?借助图我们可以得到这样的数量关系:

假设小春减少 12 张,这样两人同样多,因为小春减少 12 张,所以两人总数也就变成 60 张;

假设小宁增加 12 张,这样两人同样多,因为小宁增加 12 张,所以两人总数也就变成 84 张;

假设小春给小宁 6 张,这样两人同样多,且两人总数依然是 72 张。

学生在借助图形进一步直观感受"画图策略"价值存在的优越性,进而深入体会并优化选择画图策略。

在解决问题的策略教学中,学生面对数量关系稍复杂的行程问题时,学生不知道从何下手,知道要画图,但对于为什么画、怎样画,画完之后怎样利用图来解决问题思路并不清晰,学生对策略的应用仍停留在教师强加给学生的阶段。

第六辑

以文化人

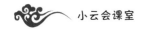

数学文化渗透:现状、原则及策略

一、问题的提出

在当前的数学教学中,很多孩子越来越不喜欢数学,甚至到了"望数生厌"的境地。在学生的眼里,数学学习除了上课,就是练习和测试。对于不少学生来说,苦游题海,备战考试的岁月并未给他们带来多少快乐的数学学习体验。数学是人类文化的重要组成部分,数学有促进人和文化的双重构建的基本使命。数学曾被柏拉图视作人类文化的最高理想,数学作为一种主要智力活动的传统是必须传给后代的人类文化遗产的最好部分,数学在人类文明中的地位绝不亚于语言、艺术和宗教,同是影响人类文明全局的部分。数学教学,它既是为了人的发展,又传承着它本身的文化。

日本数学教育家米山国藏认为,对学生而言,作为知识的数学,通常在出校门后不到一两年,很快就忘记了,然而,不管他们从事什么工作,那些深深地铭刻于头脑中的数学精神、思想方法、研究方法、推理方法和着眼点等(若培养了这方面素质的话)都随时随地发生作用,让他们受益终生。可见,数学教育不仅包含数学知识本身,而且包含数学的理性精神、思想方法、研究方法、推理方法等方面的渗透。

历史、文化、建筑、美术、物理、天文等生活中的各个领域都和数学建立了紧密的联系,而数学与生活的联系、学生学习数学的方法、探索数学的理性精神、感悟数学的思想似乎已经超越了数学教学的要求,我们需要换一个角度思考数学教学需要突破的可能和空间。长期以来,数学课堂教学内容以偏、难、繁、杂为主要特点,学生总是感觉到数学的"冰冷而又美丽"。课堂上,教师的教表现在教学数学的概念、定理、法则、解题技巧……学生的学表现在练习、解题、考试……将数学与人类生活各个领域内在的文化联系起来的教学少之又少。在实际教学中,应着眼于提高学生的数学素养渗透数学文化。

《义务教育数学课程标准(2011年版)》,简称为《课程标准(2011年版)》。将传统的"双基"发展为"四基",即基础知识、基本技能、基本思想和基本数学活动经验。在课程改革再出发的路上,学生如何通过"数学文化"活动感悟作为文化的数学思想,在活动中积累基本活动经验。但是,传统应试教育的唯一目标是试卷中的数学,强调的是解题技巧和方法,学生眼里只有冰冷的符号和枯燥的数学语言。长此以往,学生逐渐丧失对数学的兴趣,缺乏运用数学的思维方式进行思考。这样的数学,容易使人形成错误的数学观,形成刻板的数学思维方式,产生对数学的厌恶情绪。在数学教学中,笔者发现大多数数学教师很少涉及有关数学文化价值方面的数学活动,即使少数数学教师意识到了让学生了解数学文化价值的重要性,但由于缺乏相关的资料、经验和方法,停留在把介绍书本"你知道吗"这一静态的数学知识呈现在学生面前,而关于这些内容的其他背景性材料,需要通过渗透数学文化活动的形式动态地呈现出来。这里的数学文化活动,指的是围绕某一主题、由学生参与,以积累数学活动经验、感悟作为数学思想的文化的教学活动。

早在20世纪50年代,美国著名数学家和数学教育家M.克莱因(M. Kline,1908—1992)就将"数学文化"作为数学课程的四原则之一:"知识是一个整体,数学作为这个整体的一部分。"当前大部分数学教学,依旧与数学文化的原则背道而驰,过分关注数学知识的积累、数学技巧的训练,数学拥有的文化气质和气度逐渐丧失,这是数学教育的悲哀。"教的课程"过盛,"学的课程"贫弱是当下数学课堂教学中极为普遍的一种病态现象。这种病态现象严重损害着学生在数学思考、问题解决、数学思维、思想方法、理性精神等各方面自主、持续、和谐地发展。改变这种病态现象需要我们数学教师在教学过程中有意识地渗透数学文化。

二、数学文化渗透现状问卷和访谈

笔者对数学教学数学文化的渗透现状进行问卷调查,选择50位小学数学教师作为被试对象,其中男教师14人,女教师36人,任教一至六年级。

1. 调查问卷的结果与分析

全部被试对象都认为数学文化包含数学家、数学史和数学美,也包含数学教育和数学发展过程中的人文成分及数学和其他各学科的关系,还包括数学的思想、精神、方法、观点、语言及形成与发展的过程。从这一点可以看出,被试对象对数学文化的认知是正确的。从调查问卷还可以看出,被试对象获得数学文化的途径比较单一,主要是培训、和同事交流,而从网络、期刊、书籍获得数学文化这一途径比较少。

通过问卷调查,有以下六个问题值得分析:

第一,您会在课余时间有意识地收集学习有关数学文化的知识吗?问卷反馈如图6-1:

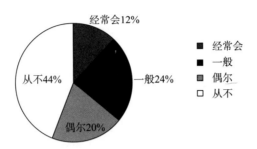

图6-1 备课过程中是否搜集数学文化知识人数

从图6-1可以看出,多数被试对象不会在课余时间有意识地收集有关数学文化的知识,备课过程主要依靠教学参考用书、教科书,缺乏有意识地渗透数学文化的教学理念。

第二,您在课前教学设计时会设计与数学文化有关的内容吗?问卷反馈如图6-2:

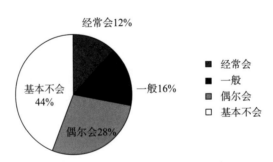

图6-2 教学设计是否与数学文化有关人数

从图6-2可以看出,近一半被试对象在教学设计过程中基本不会设计与数学有关的内容,只有28%的被试对象会在教学设计中涉及数学文化,说明在实践教学中渗透数学文化的课堂比较少。通过了解其他教师,访谈对象认为在实际教学中渗透数学文化最大的困难是缺乏教学资料和素材,学校、家长重视成绩,而成绩的评价指标在于分数,只有讲练结合才能有效提高数学分数。

第三,数学教材中的"你知道吗"等课外阅读材料,您会给学生讲解渗透吗?问卷反馈如图6-3:

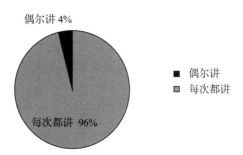

图 6‑3　教学中是否渗透"你知道吗"人数

从图 6‑3 可以看出,绝大多数教师重视数学教材安排的数学文化,认为讲解"你知道吗"等同于渗透数学文化,只有极少数教师因为教学时间的原因,在教学过程中偶尔讲解渗透。

第四,您觉得数学文化对学生提高数学学习兴趣有帮助吗?问卷反馈如图 6‑4:

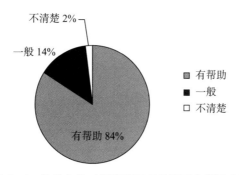

图 6‑4　数学文化对提高学习兴趣是否有帮助人数

从图 6‑4 可以看出,几乎所有被试对象认为渗透数学文化对提高学生的数学学习兴趣是有帮助的,认可数学文化的育人价值。尤其是"你知道吗"这一部分有一些是古代趣味练习,有一定的难度,正好可以让学生多练习,提高解题技巧和方法。

第五,您会补充书本上没有说但与教学内容有关的数学文化吗?如数学史、数学家的故事、数学的发展、数学的精神等,反馈如图 6‑5:

从图 6‑5 可以看出,大多数被试对象不会介绍书本以外的数学文化知识,知道数学文化对提高学习兴趣有作用,但没有在实际教学中渗透数学文化。

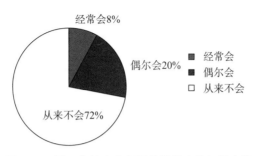

图 6-5　是否会补充介绍课外数学文化知识人数

第六，您会让学生进行数学课外阅读或进行数学演讲吗？反馈如图 6-6：

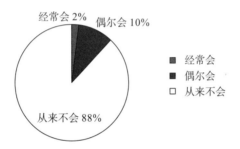

图 6-6　是否让学生进行课外阅读或数学演讲人数

从图 6-6 中可以看出，大多数教师没有培养学生数学阅读和数学演讲的习惯，没有意识到数学阅读和数学演讲在数学学习中的价值。很多教师认为只有语文学科才需要阅读和演讲，这是学科教学认识上的误区之一。

综上所述，教师对数学文化的认识清晰，充分认识到数学文化在数学学习中的作用和价值，但是教师在教学设计和教学实践中缺少主动渗透数学文化的意识和教学策略。

2. 访谈的结果与分析

笔者同时对小学数学教学数学文化的渗透现状进行访谈，选择 5 位小学数学教师作为访谈对象，其中男教师 2 人，女教师 3 人，任教年级二至六年级。

通过对"小学数学教学渗透数学文化的困难"这一问题的访谈，有的教师认为困难在于缺少数学备课参考的书籍等教学资源或是教学安排时间的缺少，有的教师教学理念滞后，以传统的眼光对待数学教学，注重数学知识的教学和数学技能的训练，也有教师认为数学文化离我们的教学非常遥远，还有的教师认为最大的困难在于数学文化如何数学化、儿童化，如何让儿童能够理解数学的本质。

通过对"如何加强数学文化在小学数学教学中的渗透，有什么好的建议"的访谈,大多数教师认为每周可以安排一部分时间进行数学阅读,认为渗透形式要多样化,让学生喜欢数学。比如:巧编数学小故事、设计数学谜语、撰写数学日记、制作数学手抄报,在学习人民币这一单元知识后可以组织学生开个"爱心小超市"等等。

通过对"您会在课后布置学生涉及数学文化方面的课外作业吗?比如看数学读物、制作数学小报、数学日记、撰写数学小论文等等"的访谈,大多数教师没有在课后布置涉及数学文化方面的课外作业,经过这次访谈初步意识到数学文化在小学教学中能够让学生感受到数学所独有的文化价值,会尝试在教学中增加绘本阅读、数学手抄报评比活动。

3. 当前数学文化渗透存在的误区

通过调查和访谈,在数学文化渗透上存在着以下三个误区:

首先,数学文化变成解决实际问题。在实际教学中,老师组织学生铺地锦计算多位数乘法,玩七巧板,介绍鸡兔同笼问题、李白喝酒等古代趣味题,学生读题之后就开始迫不及待地进行练习解答,教师却认为在教学中渗透数学文化了。在变味的数学文化活动中,学生只是了解了古代数学题,而没有通过数学活动感受数学的文化价值。学生知道了怎么做,对于数学的思想方法、思维方式和数学的理性精神缺少感悟。

其次,数学文化渗透等同于介绍数学历史。数学史是数学文化的一个重要的载体,但"数学文化≠数学史"。有些老师片面地认为小学数学课堂教学中,在教学过程中介绍一些诸如历史上著名数学家的故事、"你知道吗"就认为渗透了数学文化,其实这是彰显数学文化的一个举措而已。数学史是数学文化的一部分,数学文化与数学史相比较,有着更加丰富的内涵与更为开阔的外延,在教学中不要也不能把数学文化紧缩成数学史。

最后,淡化了数学魅力与感悟数学文化的美。有的老师把数学文化的美窄化了,比如在综合实践活动中组织和学生一起剪纸、欣赏轴对称图形,缺少对数学本质的叩问:为什么折痕两边的图形会完全重合?应该让学生感悟到对称轴两边对应点到对称轴的距离相等,同时了解生活中轴对称图形的运用。东北师范大学史宁中教授在义务教育数学课程标准修订的过程中常常思考:数学内容的教育价值是什么?数学思考的本质是什么?应当如何在教学过程中体现这些本质?数学文化中的理性精神、思想方法、推理方法是一种隐性的东西,恰恰是这种隐性的东西体现了数学素养。

三、数学文化渗透的原则

数学本身作为一种文化,除了数学知识本身之外,数学文化更应该从数学精神、数学思想、研究方法、推理方法和解决问题的着眼点5个角度进行渗透。如"常见的数量关系",可以有针对性地渗透"速度模型"的思想;"用数对确定位置"可以指向渗透数学的理性精神;"数据的收集和整理"在于重点渗透数学的研究方法;"树叶中的比"更可以是渗透数学的推理方法和解决问题的着眼点。在日常小学数学教学过程中渗透数学文化,我们应该把握以下4点原则:

1. 民主的人情味

现代的师生关系是以教师尊重学生的人格、平等地对待学生、热爱学生为基础,同时看到学生是处在半成熟、发展中的个体,需要对他们进行指导。师生关系在人格上是平等的关系。著名特级教师王崧舟说:"教育当以慈悲为怀。"有人情味的文化课堂,学生是自由的、坦诚的、积极主动的、富有生命力的。小学生的年龄一般在六周岁至十二周岁,在心理学上称为学龄初期。这时期的小学生的心理特点是对新奇的具体的事物感兴趣,善于记忆具体事实;思维发展的基本特点是从具体形象思维逐步向抽象思维过渡。小学生对周围事物充满好奇,儿童有一种与生俱来的、以自我为中心的探索活动方式。正如苏霍姆林斯基所说:"儿童希望自己是发现者、研究者、探索者。"学生不是被动接受知识的容器,而是以自己已有的知识、经验甚至情感为基础的主动建构者。学生的学习过程强调以学生为主,以民主、宽松、和谐的学习氛围为条件,以发挥学生的主动性和积极性为特征,以发展学生的自主性、能动性和创造性为目的。只有建立民主、平等的师生关系,才能在和谐的氛围中渗透数学文化。

2. 浓郁的探究味

在渗透数学文化过程中,要把学生往前推,精彩的是学生的思维。营造数学课堂浓浓的思考味关键有二:一是处理好"动"与"思"的关系。"动"即学生的动手操作,"思"即学生的思维培养。"动"是"思"的基础和指向,"思"是"动"的表达和深化。"动"前有"思",学生才能在即将开展的活动中进行有意识地观察、实验、猜想、推理,并主动地探索问题的答案。"动"后有"思",则能及时回顾活动中的数学思考过程,总结提炼规律和方法,对知识深刻感悟,建构数学认知。二是讲究"慢"的艺术。教育,作为一种慢的艺术,需要有足够的时间和空间,需要有舒缓的节奏,需要静听"思维花开的声音"。在数学文化渗透过程中要多关注以下5个问题:

(1) 要多问问学生谁还有不一样的想法？
(2) 你能够完整地把你的想法说给大家听吗？
(3) 什么变了？什么没有变？
(4) 你能举个例子吗？你能举一个反例吗？或者举一个特殊的例子吗？
(5) 你能让别人一下子听懂你的思路吗？

比如在"常见的数量关系"的教学过程中，我们关注了以上5个问题，既训练了学生的数学语言，又渗透了数学的模型思想，在建立数学模型的过程中让学生体会到数学就是研究千变万化中不变的关系。

3. 浓郁的数学味

首先是数学本质的深刻把握，具体包括对数学概念的理解、对数学思想方法的把握，对数学特有的思维方式的感悟、对数学美的鉴赏、对数学精神（理性精神和探究精神）的追求。

其次是在过程中学习，提升学生的数学素养。数学教学的任务不仅要解决"是什么"，而且还要解决"为什么"和"还有什么或还能怎么样"等数学问题。这些教学任务的达成都离不开学生对数学知识形成过程的自主探索、自主体验。在"用数对确定位置"这一课中，通过小组合作，从自己的方法到用列和行的方法，最后到用数对的方法确定位置，循序渐进、逐步深入，学生在实际过程中体验了用数对确定位置的价值，重走了数学家的探究之路，经历了"再创造"，数学理性精神得到进一步的提升。

最后是数学思想方法的有效提升。数学思想方法是构成"数学味"的核心要素，形成数学思想方法不是靠讲授知识时生拉硬拽、牵强附会的讲授，而是需要循序渐进、因势利导的渗透。采用教者有意学者无心的方式，方能引导学生逐步感悟数学思想方法的精髓。"常见的数量关系"的模型思想；"用数对确定位置"的空间观念、一一对应思想、数学结合思想；"树叶中的比"数形结合的思想等等，学生进一步感悟了数学思想，积累了数学活动经验。

4. 厚重的文化味

数学课堂作为一种文化熏陶和文化传承，与生俱来就充满了厚重的文化味。充分挖掘数学的文化内涵，可以使数学教学不再是单向度的知识传递，而是生动的文化交流。教师需要把握以下两个关键：一是适时适度。在数学课堂中，教者应恰如其分地运用数学历史脉络、名人典故等背景向学生传递数学文化，让学生了解数学的发展历程；二是对数学文化的本质把握。文化不是外在附属品，数学文化不是简单的"数学＋文化"，数学最内在的文化特性应该是数学本身。数学真正的文化在于,它可以最大限度地张扬数学思考的方式、方法和视角。如果数学课使学生真正感受到思维的快乐,并且因为思维品质的优化和思维能力的提升,使学习个体的本质力量得到体现,那么数学的文化张力、价值就得到了彰显。在数学发展的历史长河中,数学文化的素材比比皆是。小到有趣的数、美妙的形、奇妙的规律、神奇的数学历史故事、数学名人名言,大到宇宙自然现象,数学与其他学科、与生活的联系等处处蕴含着数学文化。在苏教版小学数学中、高年级教材中都有结合所学习的内容安排"你知道吗"课外知识板块,向学生介绍相关的数学史料和背景知识。在进行教学"用数对确定位置"中,讲述了笛卡尔的故事,用数对和点建立起了联系,同时为第三学段的平面直角坐标系的学习打下基础。

数学教育承担着传承文化的历史使命,数学课堂应该成为文化传承的主阵地。作为数学教师不能仅仅停留在传授数学知识和技能上,应该从文化层面对学生以精神内涵和文化层面的熏陶,用自身广阔的文化背景和厚重的文化修养润泽课堂。数学课堂要有人情味、数学味、探究味和文化味。文化课堂要求我们教师在日常教学过程中不仅要传授数学基础知识和基本技能,而且要让学生理解数学概念,把握数学思想方法,感悟数学特有的思维方式,鉴赏数学美,追求数学的理性精神和探究精神。在教学过程中提升学生的数学能力,感悟数学思想方法。我们只有把握了渗透数学文化的人情味、数学味、探究味和文化味四个原则,我们才能有效地在教学过程渗透数学精神、思想方法、研究方法、推理方法和着眼点等。

四、数学文化的渗透策略

文化是数学的基本属性,是数学的概念、原理、公式、数学思想、数学方法、数学精神、数学家的信念品质、创新意识以及以上因素之间的相互作用构成的文化系统。数学教育的宗旨是培养学生数学科学文化素养。数学科学文化素养主要表现为:能够掌握数学的基础知识和基本技能;能够在学习数学知识技能的过程中理解数学所蕴含的精神、思想、观念和意识;能够灵活应用数学解释和解决现实生活中的问题;能够自觉运用数学化思维方式发现和创造数学;能够认识和欣赏数学的美;能够继承发扬数学家的科学人文精神。在教学过程中,数学文化渗透应遵守以下三条策略:

1. 挖掘数学价值

学生通过学习数学的概念、原理、公式、数学思想、数学方法、数学精神、数学家的信念品质、创新意识以及以上因素之间的相互作用构成的文化系统,采用适当的方式充分了解和体会数学的应用价值,培养良好的学习习惯,激发学生学习数学的兴趣和自信心。让学生在学习过程中体会到生活处处有数学,生活处处用数学。如教学"用数对确定位置",学生经历用自己的方法确定位置到用列和行的方法确定位置,最后到数对确定位置,在经历数学再创造的过程中,重走数学家的探究之路,学生学会了数学概念和知识,感悟了数学精神、思想和方法,提高了数学素养。数形结合,使数学学习变得形象直观,小学生的思维特点以形象思维为主,抽象思维的发展才刚刚起步。数形结合,正符合小学生的学习心理特征。在小学阶段,学生常常借用画图的策略对抽象问题的直观(课程标准定义为"几何直观"),对发展形象思维的作用是显而易见的。借助几何直观整理条件和信息,分析比较隐藏的数量关系,形成解题思路则是形象思维和抽象思维的有机结合。总之,解决问题应着眼于学生思维能力发展的高度,渗透数学思想方法,帮助学生提升问题解决的策略意识。

2. 贯穿问题解决

数学文化的渗透要贯穿于教学的始终,数学文化的渗透就是以问题解决为主线,通过创设具体的问题情境,学生经历发现问题和提出问题、分析问题和解决问题的过程。数学问题有利于培养学生对数学的好奇心,调动学生的创造性思维。在教学"数据的分段和整理"中,学生自己提出问题:"给学校鼓号队制作队服,我们需要哪些数据?"通过收集身高胖瘦、衣服的尺码得出原始数据。面对原始数据,需要进行分析、整理,即进行分段,通过分段和整理,我们解决了鼓号队制作队服的问题,可以看出,问题解决贯穿于数学教学和数学文化渗透的始终。再如教学"用数对确定位置",我们也是指向问题解决,建立起数学和图形之间的联系,使大家一目了然地看出物体所在的位置。

3. 渗透数学思想

教师要善于将数学发明和发现的过程还原为学生的学习过程,即重走数学家的路,可以是对数学家的理性精神和批判精神还原,也可以是对数学的数学品质还原,经历数学化和数学再创造的过程。在数学教学过程中,渗透数学思想文化,学生在动手实践、自主探索、互作交流中发现数学美、感悟数学美、享受数学美。比如,"常见的数量关系"主要渗透数形结合、模型思想;"用数对确定位置"主要渗透一一对应的数学思想。在日常教学中,我们还可以渗透转化思想、方程思想、函数思想等等。在教学"常见的数量关系"时,笔者创设了一个学习主题:当路程不变时,速度越快,时间花费的就越少;速度越慢,时间花费的就越多。在变与不变中探索数量间的关系。英国儿童数学教育家柯利斯认为,学生对"数量关系"的理解终极目标是把数量看成代表一组未指定的值,并在两组这样的值之间存在系统的关系(中国数学家称为"函数思想")。让学生经历观察、思考、内化、语言表述、符号化过程的尝试几个过程,试图让学生经历知识的形成过程,在体验中深刻地体会函数思想渗透的价值。笔者常常对学生说:"我们认为最简单、最普通、最常见的数学思想方法,像列举、画图、假设等思想方法,往往是最实用、最重要的思想方法。"如果说数学知识和技能是"鱼"的话,数学思想方法就是"渔"。作为教师,"授人以渔"胜于"授人以鱼"! 在实际教学中渗透数学思想方法,关注过程体验,使学生理解掌握数学知识的本质,着眼于学生学习的下一步发展,是每一位老师的教学使命。

通过挖掘数学价值、贯穿问题解决和渗透数学思想这三条策略,可以潜移默化地培养学生的数学观念和思维品质,激发学生的数学潜能,丰富和充实学生的数学精神。

在数学文化渗透的研究过程中,还发现一些新的有价值的问题:数学文化的渗透方式和渗透策略是否适用于所有类型的课堂,比如在计算教学中,我们怎样把数学文化和计算的技能有机结合起来;再如渗透数学文化可以培养哪些核心素养等等都有待于更深入的研究。

小学数学关键能力要素分析及培养路径

中国学生发展核心素养,主要指学生应具备的,能够适应终身发展和社会发展需要的必备品格和关键能力。当前,能力(Competency)一词通常定义为人的整体能力,而不是片面化的知识和技能。孔凡哲、史宁中两位教授联合发文指出:"中国学生发展的核心素养必须涵盖三种成分,其一是学生数学发展所必需的关键能力……"笔者认为:必备品格指向非智力因素,关键能力指向智力因素。从两个方面构建核心素养,缺一不可。

一、关键能力的研究现状

1. 关键能力

以"关键能力"为主题词进行检索,共搜索到2985篇文章。"关键能力"一词最初指基于个体职业生涯发展的关键能力,从研究的"学科分布图"可以看出职业教育占到总数的30.85%。中等教育和初等教育分别占到27.77%和10.60%。

奥苏贝尔曾说:"教育就是当学的东西全部忘了的时候,仍保留下来的东西。"所谓"保留下来的东西"便是能力,就数学教育而言,所要保留的即为学生的数学能力。现今世界各国为了应对经济发展、科技进步及终身学习的需要,都在尝试不同的教育改革以适应未来急剧变化的人力需求,培养出综合能力强、素质高的劳动者。"关键能力"(Key Competencies)的培养是各国实施的一项较为成功的教育改革措施。在德国、澳大利亚、新加坡和我国台湾地区,人们把职业生涯中除岗位专业能力之外的基本能力,称为"关键能力"。换句话说,关键能力一般是指最终能剩下来、带得走、可再生的能力。

2. 数学能力

当前研究者对数学的能力的界定主要有以下两类:第一类由心理学能力概念演绎得出。从心理学的研究视角出发,将数学能力视为顺利而有效地完成数学活动的个性心理特征,并认为数学能力作为一种特殊能力,它只存在、形成并发展于数学活动中。第二类界定强调数学活动特点。西方数学教育界近年来对数学能力的界定强调形成数学能力的数学活动特征。数学能力主要研究者及其观点如下表：

表6-1　数学能力研究者及其能力成分

研究者	能力成分
I. Werdlin	理解数学的问题、符号、方法和证明的本质能力，对数学内容的理解、记忆、综合与应用能力
克鲁捷茨基	创造性能力，一般性能力
林崇德	运算能力，空间想象能力，逻辑思维能力与思维的深刻性、灵活性、独创性、敏捷性所组成的动态结构
毛鸿翔 季素月	对数学对象、数与空间关系的抽象概括能力，运用数学符号进行运算与推理的能力，记忆特定的数学符号、抽象的数学原理和方法、形式化数学关系结构的能力，思维的转换能力
李　丽	运算能力，逻辑思维能力，空间想象能力，逻辑思维能力是数学能力的核心
孙俊勇	根据加德纳的"多元智能"以及其他相关国内外研究成果为理论依据，密切联系数学课程标准，提出了"小学生数学多元能力"的观点，界定了小学生数学"八元"能力：运算能力、数学化能力、提出问题并解决问题能力、空间想象能力、数学推理论能力、获取并分析数学信息能力、数学实验操作能力、数学表达交流能力
喻　平	数学元能力：对认知的计划、监控、调节和反思的能力；共通任务能力包括：数学阅读能力、数学概括能力、逻辑思维能力、空间思维能力；待定任务能力包括：数学发现能力、数学解题能力、数学应用能力、数学交流能力

3. 数学关键能力

在检索时发现，由于研究者研究的重点不同、理论依据不同、研究方法不同和判断标准不同，大家对数学关键能力的叫法各不相同，"数学能力""数学核心能力""数学学科关键能力"等等，有关数学能力的定义也多达数十种。

(1) 国外主要研究

全美数学教师理事会首次提出学科核心能力的思想，该思想很快成为世界各国研制教育标准的共识。在美国，数学核心能力思想始终伴随着数学教育改革，2000年NCTM公布的《美国学校数学教育的原则和标准》中提出5大数学能力包括数学交流、问题解决、数学推理、数学联系与数学表征。

德国2003年颁布的针对十年级的数学教育标准也是典型的"能力"导向标准，包含6大数学能力，即数学论证，数学地解决问题，数学建模，数学表征的应用,数学符号、公式以及技巧的熟练掌握和数学交流。

从世界各国数学课程或者教育标准、学者对数学核心能力的描述可见,数学教育改革既重视严格数学意义上数学能力的培养,又强调过程性、应用性数学能力的发展。

(2)国内主要研究

数学学科核心能力不仅成为世界各国数学教育改革的核心,也成为当今国内数学教育研究的重要话题。《义务教育数学课程标准(2011年版)》提出:"发现和提出问题的能力,分析和解决问题的能力。"

徐斌艳在《数学学科核心能力研究》(2013年)中以概述国内外关于数学学科核心能力研究为基础,构建了我国数学学科核心能力模型,包括数学的提出问题、数学表征与变换、数学推理论证、数学建模、数学的问题解决和数学交流等六大数学学科核心能力。

潘小福在《学科关键能力的厘定、评价及培养——以小学数学为例》(2015年)中从学科关键能力的厘定要求来看,运算能力是数学学科独有的;从学科关键能力的含义来看,运算能力涵盖着抽象、推理、建模等基本的数学思想,所以,他认为运算能力是数学学科关键能力。

庄惠芬2015年从数学学科关键能力的定义、特征、结构、培养策略等角度进行了比较完整的论述。她认为:小学数学学科六大关键能力包括数学理解与数学表征能力、数学建模能力、数学逻辑思维能力、数学问题解决能力、数学推理与论证能力、数学交流与表达能力。

二、数学关键能力要素分析

综上所述,研究存在以下问题:1. 概念界定不清晰,叫法不统一,本文采用的是"数学关键能力";2. 数学关键能力的划分标准不统一,研究者根据不同的依据划分的内容结构也不尽相同,其中主要包括运算能力、逻辑推理能力、问题解决能力、空间能力、抽象能力等等;3. 在研究方法上多是理论研究,缺乏实证研究。

既然是数学关键能力,就应该是数学之外的学科教育培养不出来的能力,或者说数学关键能力应具有小学数学意义上的独特价值。以"关键"审视,要培养数学抽象、逻辑推理、数学建模、直观想象、数学运算、数据分析这六个既相对独立、又相互交融的数学核心素养,非具有数学运算能力、数形结合能力、空间想象能力、数据分析能力不可。再以"数学"察之,非逻辑思维能力不可。江苏省基础教育质量监测中心发布的《江苏省义务教育学科核心素养与关键能力框架(小学数学)》这样说明:"基于学业质量评价的需要,我们对小学生的数学核心素养所体现出的关键能力进行了分解。"见表6-2。

表6-2 核心素养及其对应的关键能力分解

核心素养	关键能力分解
数学抽象	抽象出数或图形,抽象出数量关系,抽象出图形关系
逻辑推理	合情推理,演绎推理
数学建模	发现和提出问题,分析和解决问题
直观想象	直观感知,空间观念,几何直观
数学运算	理解运算,实施运算,估算
数据分析	收集和整理数据,描述和分析数据

三、数学关键能力培养路径

数学关键能力是在数学学习的众多能力要素中处于中心位置,最基本、最重要、最关键的能力。关键能力的培养,要基于"学情分析",同时要关注培养相应关键能力的核心内容是什么,进而设置出有思维、有挑战性的问题,推进能力培养的落地生根,让数学关键能力"自然生长"出来。这里的"生长"策略有三个明显的特征。首先是主体性,即发挥学生的学习主体性,关键能力的培养要关注小学生的年龄特点和生活经验及已有的数学知识结构。其次是生长性,即学习更应关注过程。过程的学习旨在使学习者形成对知识的深刻理解,而非停留在记忆、模仿的层面,进而形成相应稳定的能力。如作为关键能力之一的运算能力,它的逐步形成及积淀,不是一朝一夕,而是层层递进,需要在不同的阶段体现不同的学生主体参与形态。"相同计数单位"的合并与减少作为整数、小数、分数加减法共同算理的主线,在学生已有经验的基础上,在合作探究、辨析澄清、沟通完善中实现运算能力的自主构建,并将这样的经验延伸至更复杂的运算中。再如在直观想象能力培养的过程中,要符合学生的认知特征,从整体感知,再到点、线、面、体逐步构建完整的直观想象。最后是发展性,我们不仅仅要着眼于现在,更应着眼于学习能力的未来发展。教育的作用从来不是为了现在,而是为了未来、终生的发展。我们应培养会合作、具有质疑精神、创造性解决问题能力的人才。如数据分析能力,在大数据时代显得愈发重要,也是未来人才不可或缺的。因此,要基于问题解决,让学生尽量完整地参与数据的搜集、整理、分析等过程,并鼓励学生自觉主动地运用数据分析生活中的现象,激发研究数据背后的问题,并预测事物发展的趋势。

在教学中笔者制定出数学关键能力的基本课堂教学流程,如图 6-7。

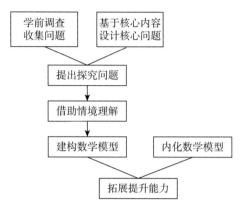

图 6-7 数学关键能力课堂教学流程图

如教学"认识负数",引导学生联系日常生活经验,收集"负数是什么,有什么用,怎样运算"等三个核心问题,重点探究"负数是什么"这一核心问题,学生借助各种情境经历由"温度中的-2"到"算式中的-2"……最后到"数轴中的正、负数",紧紧围绕"标准"和"相反意义的量"两个关键点展开"负数的认识"教学,体会数学符号的简洁性与统一性,建构"相反意义的量"的负数概念本质。如何让学生理解和掌握"标准"和"表示相反意义的量"这两个关键点?我们要善于激发学生的认知冲突,从绝对标准走向相对标准。如小明将小红的身高表示为 2 cm,而小芳又将小红的身高表示为-6 cm,这是把不同同学的身高看作标准,所以需要用不同的数表示小红的身高,表示和标准的关系,拓展了学生建构数学模型的能力。培养学生数学关键能力,主要从以下三个路径:

1. 基于知识的序,遵循自然

数学知识和方法的起源和发展是自然的。在教学中我们要关注数学知识和方法的背景、形成过程、应用以及它与其他知识和方法的联系,要把每堂课的知识和方法置于数学理论乃至人类文化的整个体系(关系和顺序)中,处理好局部知识和整体知识的关系,进而帮助学生理解数学的本质和价值,体会数学的思想和精神。比如,数据分析问题来源于生活、回归于生活、应用于生活,与日常生活紧密联系。孩子在玩"掷硬币""投篮"等游戏过程中已经感悟到可能性并对"输赢""是否投中"进行预测和分析,这说明小学生已经有了"数据分析"的生活经验,教学过程中需要借助学生已有的生活经验,利用现实的情境进行教学设计,有利于让学生感悟"随机思想",树立随机意识,掌握数据分析方法。

2. 基于认知的序,顺应自然

小学生的思维是由具体形象思维逐步向抽象逻辑思维过渡。在教学中,我们要从学生熟悉的日常生活情境出发,从简单到复杂,从具体到抽象,由扶到放再到收,以符合学生的认知顺序。特别地,要善于借助直观,如动作直观、图形直观等,组织学生开展实验、实践、操作、观察等活动,引导学生进行从中分析、判断、概括、运用,达到抽象水平,如文字抽象、符号抽象等,由此不断完善富有层次性的数学课。如在研究两、三位数除以一位数的笔算(首位能整除)时,充分尊重学生已有乘法口诀和除法竖式计算的经验,让学生在自主尝试中用不同的表征方式解决问题。

针对不同的竖式表达方式,进行对比,鼓励提问,初步感受竖式中每一步的内涵,再结合动手操作进一步直观感受算理,最后优化出合理的竖式模型。

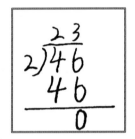
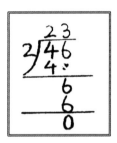

图6-8 两三位数除以一位数学生竖式

3. 基于核心素养,自然生长

自然生长,就是要培养学生主动探索的意识,不得过且过,具有积极的好奇心理;培养学生独立思考的精神,不人云亦云,具有良好的质疑能力;培养学生"大胆假设,小心求证"的习惯,猜测、想象、推理、实证的能力以及发现、提出、分析、解决问题的能力,具有初步的理性精神以及实践和创新能力;培养学生有条理地表达自己想法的能力,以及良好的交流沟通能力。自然生长的智慧,突出表现在引导学生用数学的眼光观察世界,用数学的思维分析世界,用数学的语言表达世界,尤其是"在别人看到一片混乱的地方看出与数学有关的规律","在千变万化中追寻不变的关系"。笔者在"和与积的奇偶性"研究中尝试了如下的操作路径,如图6-9。

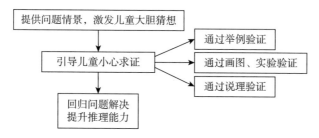

图 6‑9　培养学生推理能力操作路径图

教学过程中渗透多样的推理方式,并勾连联系的推理素材,发展儿童多元表征推理过程的能力。

总之,教是为了不教。立足课堂、放眼未来,培养适应未来发展和终身发展的数学关键能力,关注学生认知的序、知识的序和核心素养视角,在过程中生长数学关键能力,有利于个人、社会和民族的可持续发展。

私立学校教师激励策略研究

——以 C 国际学校为例

一、问题的提出

激励之于员工,犹如阳光之于种子,水之于鱼。可见激励之于员工的重要性。激励能够点燃员工的热情,激发团队潜能,让员工竭尽全力地工作,最终让组织立于不败之地。21 世纪是一个充满机遇与挑战的时代,是一个优胜劣汰、适者生存的时代,更是一个人力资源激烈竞争的时代。对于私立学校来说,师资必须加以高度重视,教师是保持学校品牌优势最大的和关键的资源。激励问题以及激励管理是师资管理的核心问题,是解决教师专业发展的基础性工作。

中国改革开放 40 年以来,尤其是近 15 年以来,私立学校得到了迅速发展,已经成为社会办学的重要力量。1978 年市场经济体制改革的初期,私立学校大多是依靠抓住机遇建立起来的,但随着现代化学校尤其是教育集团化办学的深入,全国人大对《民办教育促进法》的不断完善也促使私立学校不断规范办学。

党的十八大和十八届三中全会都明确提出"鼓励社会力量兴办教育",2016 年 1 月,李克强总理在主持召开国务院常务会议上要求"对民办学校实行分类管理,允许兴办营利性民办学校"。这些政策的发布都极大地促进了私立学校的发展。但是,不断出现的各种新问题影响了私立学校的健康发展,如师资参差不齐、教师队伍不稳定、课程设置、社会对教师职业道德的疑虑等,导致这些问题出现的原因是多方面的,教师激励机制是其中一个重要因素,如何提高私立学校的竞争力,使学校稳定健康地发展?而竞争力的提升与否,都离不开教师激励机制的建立。总之,建立一套适合私立学校教师激励机制很有必要。

激励机制由"激励"与"机制"两个词组成。"激励"一词来源于心理学,是指利用某种有效手段或方法调动人的积极性的过程。在心理学上,激励可以从三个方面来理解:从诱因和强化的观点看,激励就是将外部适当的刺激(诱因)转化为内部心理动力,从而强化(增强或减弱)人的行为;从内部状态来看,激励即指人的动机系统被激发起来,处于一种激活状态,对行为产生强大的推动力量;从心理和行为过程来看,激励主要是指由一定的刺激激发人的动机,使人有一股内在的动力,向所期望的目标前进的心理和行为过程。"机制"一词,原指机器的构造和原理,用于对有机体的研究时,指有机体的构造、功能和相互关系;用于经济管理的研究时,泛指一个复杂的工作系统。根据系统学的观点,所谓机制是指系统内各子系统、各要素之间相互作用、相互联系、相互制约的形式及其运动原理和内在的、本质的工作方式。综上所述,激励机制是指在组织系统中,激励主体通过激励因素或激励手段与激励对象(或称激励客体)之间相互作用的方式,即指组织中用于调动其成员积极性的所有制度的总和。教师激励机制的实质,是激发教师专业发展的动机,使其有一股内在动力,朝着学校所期望的目标努力奋斗与前进的心理活动过程。本文以 C 国际学校为研究对象,从不同年龄、不同学历、不同岗位和不同区域等视角,分析学校教师激励机制在物质奖励、精神激励、发展平台等方面的现状,探索适合私立学校发展的教师激励机制。

二、C 国际学校的激励现状

C 国际学校创办于 2011 年 9 月,实施从幼儿园到高中 15 年一贯制的国际化教育。学校以"科学务实、自强不息、追求完美"为校训,以打造"博慧的世界文化场"为愿景,国际化、多元化、精致化办学。目前,全校共有 52 个班级,1900 多名学生,318 名教职员工。

为了了解学校目前的教师激励机制存在哪些主要问题、教职员工对目前薪酬制度科学性的评价、学校对培训的重视程度、期望获得的培训方式和学校激励形式等问题,笔者从 22 个问题入手,发放调查问卷 120 份,回收问卷 112 份,回收率 93.3%,其中有效问卷 108 份,有效率 96.4%。本节将从不同年龄、地域、岗位和学历分析 C 国际学校的教师激励机制,为科学有效分析私立学校教师激励机制打下基础。

1. 不同年龄分析

回收的 108 份调查问卷中,"70 后"占总人数的 23.1%,"80 后"占总人数的 44.5%,"90 后"占总人数的 28.7%,其他占 3.7%,所调查的年龄段以中青年教师为主。

在调查"您是否认同物质激励是最有效激励教职员工的方式"时,约 70%的调查者"较认同"或"非常认同",而这一部分群体以"80 后"和"90 后"为主,他们

由于需要购房或家庭经济原因,日常经济支出比较大,倾向于物质激励。具体数据如下图6-11:

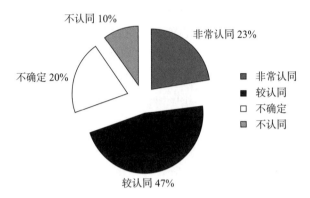

图6-11 物质激励是否是有效的激励方式统计图

在调查"您认为自己的能力是否得到充分发挥"这一问题时,具体情况如图6-12。33%的调查者表示已经尽我所能,发挥最大的主观能动性;50%的调查者认为基本发挥个人能力;有17%的调查者认为没有完全发挥个人能力,需要更大的一些平台锻炼个人能力,这一部分群体主要是"90后"且学历较高的一部分教职员工。

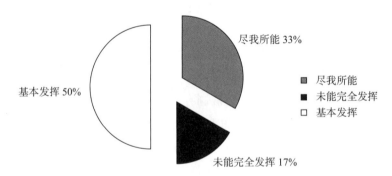

图6-12 教职工能力是否得到发挥统计图

通过以上分析可以看出,"80后"和"90后"这一群体的学历越高越重视物质财富激励,尤以硕士及以上学历的"80后"员工对物质财富的需求为甚。所以,学校提供给学历较高的"80后"员工更多的物质激励在现阶段可以取得较好的激励效果。同时,应给"80后"和"90后"这一群体更多一些锻炼的平台和机会,充分发挥他们的能力。此外,学校激励"80后"员工必须在充分了解其激励需求的基础上,注意激励的差异性、层次性及动态性,以提高激励的针对性与实效性。

2. 不同学历分析

所调查的 108 位教职员工中,高中及以下学历 6 人,约占总人数的 6%,大学专科学历 9 人,约占总人数的 8%,大学本科学历 75 人,约占总人数的 69%,研究生及以上学历 18 人,约占总人数的 17%。具体情况如下图 6‑13：

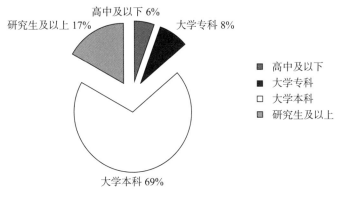

图 6‑13　调查人员学历统计图

所调查的人员中,学历越高,对学校绩效考核体系要求越高,近一半研究生学历的教职员工认为学校的绩效考核体系不健全,认为学校人员流动率比较高。当被问到在学校应该特别注重对哪些行为进行激励,大多数被试者认为应对"管理模式创新的行为、敬业负责的行为和合作进取的行为"等这些行为进行激励,具体情况如下图 6‑14：

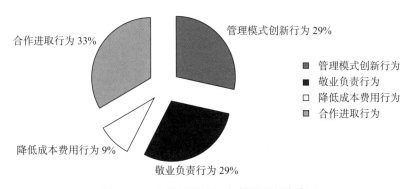

图 6‑14　应给予激励行为类型调查统计图

3. 不同岗位分析

本次调查人员中,有 92 人来自一线教师,占总人数的 85.19%,有 10 人从事行政后勤,占总人数的 9.26%,有 6 人从事教学管理岗位,占总人数的 5.56%。

在不同岗位参加的培训中,各部门都制订了详细的校本培训计划,包括学科班主任培训、教学能力培训和青年教师教学基本功培训、校际教学业务交流、友好学校交流等。此外,学校邀请经验丰富的老师进行经验介绍,或者请区域内的教学名师开展专题讲座。大多数员工都参加了新教职工入职培训、技术知识培训、管理技能培训等,而参加自我管理、特殊业务技能培训的人数相对较少,具体情况如下图6-15:

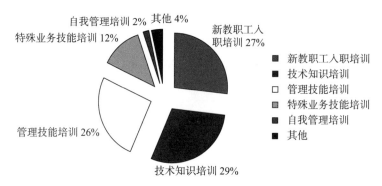

图6-15 不同岗位参加培训统计图

根据个人的期望,不同岗位对于激励因素也是不同的,绝大多数教职员工认为培训学习新知识技术机会、福利分配的公平性、好的工作环境、工作的效益、领导的信任、工作的挑战性以及轻松自由合作团结的校园文化是重要的激励因素,具体如下图6-16:

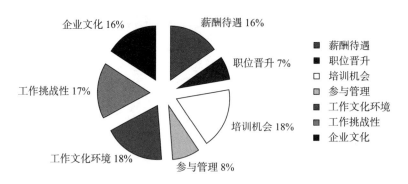

图6-16 不同岗位期望的激励因素统计图

通过分析,不同工作岗位(教学类、管理类、后勤行政类、其他类)员工的工作侧重点不同,对他们的激励不能一概而论。在物质激励、工作环境方面,不同工作性质在物质激励、工作环境方面有非常显著的差异。在物质激励方面,教学岗位要求最高,管理岗位要求次之,行政后勤要求最低,说明教学一线人员比行政后勤类人员更注重物质激励;在工作环境方面,教学管理人员要求最高,行政后勤人员类的最低,说明在不同岗位员工中,教学管理类比行政后勤类更注重工作环境激励;在个人发展、业务成就及工作这一方面,教学一线员工要求较高,希望在教学业务上通过不断培训获得成长,而行政后勤人员对这一方面的需求比较低。调查发现:教师们认为激励措施可以是职称或者各种荣誉的评定,以及出国进修考察机会等。对于外地老师还可以从生活上更加细致入微地关怀,让他们在学校更有一种归属感和幸福感。对于所有教师而言,多一些人文上的关怀、薪资的增加都能达到激励效果。

4. 不同区域分析

所回收的 108 份有效问卷中,其中江苏北部 10 份调查问卷,同区域私立学校调查问卷 5 份,同区域公立学校 5 份,其余 88 份为 C 国际学校。在这四个区域教师年收入如下表 6-3:

表 6-3 各区域教职工年收入统计表

各区域教职工年收入统计表				
区域	苏北区域	同区域民营学校	同区域公立学校	C 国际学校
年收入	6 万—8 万元	8 万—10 万元	9 万—10 万元	10 万—12 万元

从上表可以看出:C 国际学校的年收入比同等私立学校、公立学校一般高出 20%,但是学校的工作压力、工作量相对较大,尤其是学校的班主任一般从早上 7:00 开始工作,晚上 8:00 才可以回家休息,工作时间比较长。同时,从培训体系看,同区域公立学校的培训机会更多,学科业务水平晋升较快,有相对稳定的途径和渠道,而 C 国际学校的培训以校本培训为主,主要培训途径以校内优秀教师的传帮带为主。通过调查,71.42%的教师认为学校比较重视教师的培训,而近 29%的教师认为学校对教师的培训一般重视。在实际工作中,所有地域的教师都把"自我价值实现"作为自己最关心的内容与要素。

通过以上分析可以看出 C 国际学校现有的教师激励机制主要包含有物质激励、精神激励和发展平台等三个方面。物质激励主要包含薪酬福利和各种津贴补助;精神激励主要分为学术荣誉、政治荣誉和人文关怀三个方面;发展平台主要是教学能手、学科带头人的评选和职称评定,但是建校以来只有极少数教师获评骨干教师称号。相对来说,精神激励形式单一,在学校还是要多些人文关怀,关注老师们的身心健康。激励措施还可以是校内职称或者各种荣誉的评定,以及出国进修考察、外出学习机会等。根据调查结果,C国际学校老师的工作压力太大,他们身体现在都属于超负荷状态,但是大家都还是在坚持。

三、C国际学校教师激励的对策

教师的需要引发动机,动机转变为行为。所以对教师的激励要以满足其需要为出发点,特别是针对私立学校教师需要多样性的特点,更要清楚和把握其各种需要,进而引导和发展其需要,最终达到激励的目的。通过对C国际学校教师激励机制现状分析,笔者从达成自我实现需求、完善激励机制制度、有效实施激励手段和优化激励机制环境等四个方面阐述学校教师激励机制的对策。

1. 达成自我实现需求

每一个教师都希望自己是名教师,都希望成为行业里的领头羊、带头人。学校应该给教师搭建专业成长的平台,有针对性地对教师进行师资培训,重视教师的职业生涯发展规划,构建学校教师长效激励机制,助推教师成长,通过搭建教师成长平台以达成自我实现需求。

(1) 针对性地进行师资培训

具体而言,第一,包括岗前入职培训,使教师明确岗位职责、学校规章制度、教学制度等;第二,对教师进行发展动力性培训,充分考虑到兴趣爱好;第三,培训方式上应该采用长短期相结合的方式,以及专业和业余相结合的方式,使教师在整体把握学校大发展动向的基础上进行适当的调整;第四,培训内容上要有针对性,对于进取心强素质高的教师而言,其自我激励所占的比例比较高,而对于进取心较弱的教师则应该加强其自我激励部分的训练。

(2) 重视教师专业成长规划

首先,通过个人职业规划,使教师的职业成长有规律可循。其次,要做到适度放权,使得教师的工作内容更加丰富,具有更大范围的接触机会,会使得其对工作保持高度的热情和新鲜感,教师处理自己范围内的事情要授予其权责相应的决定权,这样教师才有更大的责任感。再次,要根据私立学校内部的特点,建立多阶梯式的晋升渠道,使得不同岗位的员工均有上升的空间。学校可以建立各(含校)级教坛新秀、教学能手、学科带头人、教学名师和首席教师等多种晋升途径,建立和完善学校卓越教师体系。教师专业成长的受益者不仅仅是教师,还有学生和学校……

(3) 构建教师长效激励机制

与公办学校相比,私立学校教师更渴望情感的沟通与交流,更渴望来自外界的尊重和认可。为此,学校在构建激励机制时要做到以下五点。一是把关心教师的工作、成长、生活与学校发展结合起来。管理者必须深入了解教师工作和生活的情况,能积极有效地解决教师在工作和生活中的问题。二是营造良好的民主氛围。尊重民主、发扬民主,体现教师存在的价值。比如领导者应尊重教师的意见表达,无论教师意见正确与否,切忌公开批评,即使不能采纳,也要肯定其主动性,如果建议是正确可行的,则要公开表扬、奖励。三是通过树立正面典型,发挥榜样的力量,产生良好的激励引导作用,以此提高教师的道德意识和责任意识,端正学术与教学的价值取向。四是要给予教师信任和自主权,即学校应该给予员工更大的信任和自主权作为最重要的激励手段。五是要营造有归属感的校园文化。校园文化的塑造已经成为民营学校精神激励的重要手段。只有当校园文化能够真正影响每个教职员工的价值观时,才能形成一种长期的文化激励机制。

2. 完善激励机制制度

私立学校普遍存在激励不足的情况,通过对教师的访谈得知,教职工流失的深层次原因是需求多样而民营学校现有激励措施缺乏。在私立学校中如何做到人尽其才,人尽其用,充分发挥教职员工的潜能,建立行之有效的激励制度一直是困扰私立学校发展的"瓶颈"。因此,私立学校为了能有效地实现培养目标,树立以人为本的管理理念,仔细分析学校教师激励制度中存在的问题,并针对问题提出相应的对策,以健全私立学校的教师激励制度,促进学校的不断发展。

(1) 改善绩效待遇体系

首先,要科学设置各项指标及考核标准。根据不同的评估维度给予更细化的指标,使其具有可操作性和量化性。通过定性和定量相结合的手段充分考虑单位的特殊性,进行详细的了解,赋予不同的权重,形成合理有效的考核体系。其次,要形成动态考核和静态考核相结合的考核模式。私立学校建立必要的师资管理制度,在工作分析的基础上,结合自身特点设置岗位,明确岗位职能与责任。制度必须有利于组织的协调,坚决摒弃"末位淘汰制"之类严重挫伤员工积极性的制度。在私立学校,报酬一般采用基薪加奖金的办法,且带有一定的灵活性。随着学校的发展和人才结构的复杂化,单一的薪酬体系已不能满足核心员工的多样化需求,原有的薪酬体系必须做出调整,如考虑合理地设计核心员工和骨干教师持股,增加外出培训机会,增加额外的保险与福利。

(2) 优化物质精神双激励

优化物质精神激励更能有效完善激励考核制度。首先,不断提高奖励数额。

在我国的私立学校中,物质需要仍然是第一位的。作为学校管理者,在实施员工激励时,不能不把物质利益作为员工激励的重要内容摆上适当的位置。只有满足人最基本的生理需要,才能从本质上吸引员工。然而,我国私立学校由于受资金和规模的限制,很难通过大幅度提高物质奖励的数额来进行激励。但是,合理的物质激励也是必需的,可以根据学校的效益适当提升物质奖励空间,适时组织学校员工活动和发放生活必需品。以年收入为标准,私立学校的教师年收入要高于当地公办教师同等标准总收入的50%,这样对于私立学校的教师才有吸引力。

其次,提高物质激励的时效性。对教师进行激励时,往往时效性显得至关重要。教师有优异的表现时,应尽快得到嘉奖,若等到年终才进行表扬,那么激励的效用将大大降低。比如教师在评优课比赛、基本功比赛、辅导学生参加竞赛等活动中获奖,学校就应该在比赛之后及时对教师进行物质激励。合理的时效应做到及时奖励过时处罚,告诉每一位员工学校所倡导的有效行为,让大家都去模仿,而尽量淡化发生的无效或有害行为,使其在学校不会造成较大影响。

最后,调整物质激励发放的方式。物质奖励的发放有多种形式,我国私立学校一般是工资加奖金的形式。这样并不能调动教职员工的积极性,发放物质奖励时首先要注意持续激励,不能一个月隔几天发一次,也不能好几个月都不发。必须维持持续的激励,争取每个月都有一两次的奖励。另外,发放的方式要多元,比如同事集体生日、工会活动以及技能比赛给获胜员工的奖励。物质奖励多元化已成为一种趋势,只有奖金和工资的物质奖励已渐渐被淘汰。我国私立学校一定要创新物质激励形式,调整物质奖励发放的形式,才能应对越来越严峻的挑战。

3. 有效实施激励手段

私立学校必须建立以人的全面发展为基础的激励机制。从调查问卷可以看出C国际学校激励机制针对性不强,需要有效实施激励手段,从定制激励手段科学化、提高精神财富持久化和教师成长规划常态化等三个方面着手实施激励手段,有效提高教师的工作积极性和主动性。

(1) 定制激励手段科学化

首先,教师激励机制的定制过程,要采用广泛的民主征集意见,通过公开透明和教师的参与或通过教师代表大会制度等形式激发员工的主观能动性,使得员工的需求与组织的目标更加趋同。其次,让教职员工在一定程度上参与单位的决策。在共同参与单位决策的过程中,体现了私立学校对员工的尊重,能充分调动其积极性,又能沟通与单位之间的联系。再次,建立上下级之间的激励机制对接关系。这样既能够增加教职工的自我归属感,又能进一步化解领导与下属之间的矛盾,能够增强员工对于激励制度公平性的感受。

(2)提高精神激励持久化

频繁的物质激励不一定会产生良好的效果,反而可能会产生消极作用。因此,私立学校的快速发展更应关注精神激励方面的问题。私立学校管理者必须把精神激励摆在与物质激励相同的高度,使精神激励时刻与物质激励相辅相成,达到最优的激励效果;私立学校可以设立"教学之星""德育之星""最美教师""师德模范""学科带头人""教学能手""卓越教师体系"等这一类的专业荣誉或政治荣誉,以激励教职员工个人专业或业务成长。

(3)教师成长规划常态化

重视教师个人成长和职业生涯规划,开辟多元化的职业生涯路径。在知识经济时代,知识更新很快,知识型员工的知识、技能会随着时间的推移而逐渐老化,跟不上时代的节拍。因此,知识型员工更渴望组织能提供更多的学习或培训的机会,使自己在新的时代下、新的领域中有更佳的适应能力,从而具备一种终身就业的能力。所以,私立学校应加大对教师培训和开发的投资,为知识型员工充电,不断提高他们的知识和技能水平,为其个体成长创造条件。组织对知识型员工培训的具体方式,可以根据各自的情况灵活把握。

4. 优化激励机制环境

在学校管理过程中,充分营造良好的环境,运用条件优越的工作环境、和谐舒心的人际环境和培育优秀先进的学校文化环境来有效激励教职员工有效、高效、长效地开展各项工作。

首先,创建条件优越的工作环境。教师从事知识性、创造性的脑力劳动,对他们来说,优越的办公条件是必不可少的。一方面,学校应为教师提供工作所必需的办公条件,比如现代化的设备、安静的办公环境等。另一方面,私立学校应允许知识型员工的工作环境更富有个性化和人情化,这样将更有利于其创造力和想象力的发挥。

其次,创建和谐舒心的人际环境。尽管教师的工作独立性强,但是其大部分时间同样是在职业群体中度过的。因此,如果在群体中既有相互支持、体谅、尊重的同事,又有能理解、同情、关心、鼓励自己的领导,那么这种具有和谐的人际关系的环境本身就是对教师无形的激励。根据北京市的一份企业调查报告显示,待遇仅仅是人才流失的第三位原因,而人际关系、复杂的等级环境则排在第一位。

最后,培育优秀先进的学校文化。学校文化是学校教职员工在长期的教学实践中逐步形成的共有的价值观、信念及行为准则的总称。对于学校而言,要树立"以人为本,尊重人性"的价值理念。它强调管理行为不再是冷冰冰的命令型或强制型,而是贯穿着激励、信任、关心、情感,充分体现着管理者对人性的高度理解和重视。要注重员工的自我尊重、自我实现等高层次的精神需求,将外部控制转化为自我控制,使每个教职员工自发地形成对学校的忠诚感和责任感。

C国际学校通过以上激励机制策略优化,改变以下举措,提高了教师工作主动性、积极性和创造性。

在物质激励方面,教师的基本工资、岗位工资、课时工资有所提高,并且以每年5%的比例不断提高,坚持"小步走,不停步"的加薪原则,尤其是对班主任、"课间护导"等岗位工资进行调整,对交通补贴和生活补贴进行调整,解决教职工的后顾之忧,教师的积极性进一步得到提高。

在精神激励方面,学校重表扬,轻负激励。每年的教师节、五四青年节、三八妇女节等节日,学校都适时奖励先进。工会经常组织一些活动,比如教职工运动会、包饺子大赛、秋日郊游等活动,凝心聚力,丰富教职工的精神生活。

在发展平台方面,学校积极与上级主管部门联系,C国际学校的教职员工与公办学校教师享受同等待遇,评审骨干教师、优秀教育工作者、学科带头人的热情很高,在今年暑假就有12位教师评选上市级骨干教师,1位教师获评中小学高级教师职称。教师的专业成长之路规划得到落实。除了市级各项荣誉,学校还出台了《学校骨干教师评选方案》和《教师职称低职高聘实施方案》等校级骨干教师的评选,合理建设骨干教师团队,培养教师热心学校教育的远大目标。

四、研究主要结论

众所周知,人的本性之一,就是有满足自己需要的欲望。一旦需要有了明确的目标,就会立即转化为动机,从而激发人们去行动。所以说需要是人的行为之源,是人的积极性的基础和原动力,也是激励的依据。在实施激励措施时,有效利用马斯洛提出的需要层次理论,在运用这一理论时关键还要善于"换位思考,完善激励机制;动态定位,有效实施激励;激励到位,优化激励机制",做到"三位一体"。

1. 换位思考,完善激励机制。管理者就是要站在教师的角度,设身处地地考虑教职员工的工作动机以及付出劳动的艰辛程度,站在他的角度考虑个人的劳动或付出以及给学校发展带来了多大的作用。教师在一件事情上做出了成绩，他的动机决定了他的行为，他的行为目标除了完成岗位上的职责外，一定还有另一种或几种潜藏在内心的愿望。如他可能想通过完成一个时期阶段的任务，而达到职务的晋升，或获得物质奖励，或是以此证明自己的能力给其他同事看，或积累恋爱、成家的"资本"等等。

2. 动态定位，有效实施激励。通过换位思考、与教师及其周围人士的沟通，观察其工作与生活言行（观察他工作中精神状态和工作质量以及业余生活中的注意力，观察他的爱好），综合这些方面从而准确把握他的现实内在需求，或价值或奖励的形式、时间等；不同的教师有不同的需求，在不同的时期、环境也是有不同需求的，这些需求主要是受自身的愿望变化、自身工作与生活环境的变化、社会时尚的变迁或引导、家庭（原生家庭和自己建立的小家庭）的直接或间接需求等因素的影响。由于影响需求的因素很多，可以是独立变化，也可以是交叉影响变化的，而且现代社会员工的单一层次的内容越来越少，综合层次的内容越来越多，学校需要规避他的不合理的需要或引导他的需求向高一层次提高，所以定位就必须是动态的定位，而且是综合各种因素的定位（只能适度超前，切忌丝毫滞后）。

3. 激励到位，优化激励机制。即根据教师的岗位奉献，确定并及时实施相对应的奖励的金额、内容、方式等。一方面是要将激励真正激励到教师的心里去，也就是说：在综合考虑私立学校运营成本或正面影响关联教师积极性的基础上，奖励到他内在的需求水准上；另一方面，经常存在学校给予的激励，可能会因为教师的先期需求偏高或因为上级判断偏低等，导致激励没有到位，这时要辅之以说明到位，切忌激励完就了事的做法。这里的到位是相对的，是综合的到位，是政策实施与阐释的到位，尤其是对于教师存有不合理的需求时，一定讲到位，而不是一味地迁就奖到位。

强国有我,强教有我

2021年7月1日,中国共产党迎来建党百年华诞,天安门广场盛典见证历史性时刻。"请党放心,强国有我"的千人献词,让我们久久回味。"请党放心,强国有我"的铮铮誓言,也道出了我们的心声。

天安门城楼上,站在"两个一百年"的历史交汇点,习近平总书记"以史为鉴、开创未来",以"赶考人"的清醒自觉,擘画新的征程。

我每次去北京,都要到天安门广场和毛主席画像合影。2021年7月23日晚上,我从复兴路,途经复兴门外大街、西长安街,骑行近100分钟,到天安门广场与毛主席像又合了一张影。强国有我,应该向毛主席那样时时刻刻为他人着想。

著名文学家梁晓声说:文化是植根于内心的修养,无须提醒的自觉,约束为前提的自由,为他人着想的善良。

我们济宁高新区蓼河新城外国语学校全体师生就要做一个为他人着想的人。为他人着想,就是排队时讲究秩序,取餐时和同学保持适当距离;为他人着想,也是我们用完餐把餐桌擦得和吃饭前一样干净;为他人着想还是不随意乱丢餐巾纸;为他人着想更是用完厕所随时冲洗,保持洗手间的卫生清洁……我们这样做了,会减轻餐厅阿姨的麻烦,会减轻保洁阿姨的麻烦,会减轻我们身边朋友的麻烦。一个有人情温度的学校应该有一群为他人着想的学生,一群为他人着想的学生将来就更有可能成为明日精英。

孟子说:得道多助,失道寡助。为他人着想我们不以自我为中心,而是以利他为中心,今天你帮我,明天我帮你,帮来帮去就是帮自己。正如北京大学辜鸿铭教授所说:真正的中国人有着赤子之心和成人之思,中国人的精神是一种永葆青春的精神,是不朽的民族魂。

我个人认为:"教育就是自然生长,在过程中以生为本、促进生成、回归生活和润泽生命。"强教有我,需要我们全体教师以赶考者的姿态奔跑出发,每一位新教师要成为努力奋斗的匠师、立德树人的良师、传播思想的大师,要有"一年站稳讲台,三年小有名气,十年成为名师"的奋斗勇气,要有"向着全面建成社会主义现代化强国的第二个百年奋斗目标迈进""实现中华民族伟大复兴"的历史担当。强教有我,我们全体老师要把每一个孩子当成自己的孩子或弟弟妹妹,不放弃,心中有人、口中有爱、眼中有光,以学生为中心,以学生的学为中心,教师的教学服务于学生。强教有我,不仅仅是指我们老师,还包含我们的学生。我们曹伦华总校长说,教师是山、学生是水,只有山水相映,方成如画风景!

带着诚挚的感恩,带着美好的梦想,带着满怀的激情,我们从百年党史中汲取奋进的力量,豪迈地踏上教育高质量发展的新征程。

"请党放心,强国有我!"

"请党放心,强教有我!"

后 记

  "苦日子"中有"甜科研" 法国著名哲学家、思想家和教育家卢梭曾说过:"我们生来就是弱者,所以需要力量;我们生来无助,所以需要帮助;我们生来无知,所以需要理性。一切我们生来不具备的才能,一切我们成长的必须因素,都来自教育的馈赠。"

  专著接近尾声,曾经不止一次地在心里酝酿这篇后记之言。然而,当提笔作结时,却发现无从下笔。42 年的人生经历和 24 年来的从教经历,一幕幕在脑海中回旋,将我带回人生的几个难忘时刻。

  1980 年 10 月,我出生于江西省乐安县的一个小山村,那时候家里很穷很穷,4 岁就开始帮家里放牛、收谷子、做农活、带弟妹……打从上小学起父母就叮嘱我要好好读书,跳出农门,长大做一个有出息的人。

  15 岁,我考取中等师范学校;18 岁参加工作,成为一名小学数学教师;22 岁成家,23 岁我家谦谦出生;为了改变生活面貌,让妻儿过上好日子,多次外出求职,下西南入职昆明南洋国际学校,东进入福清西山国际学校;2007 年,入职苏州外国语学校,一家三口才定居在苏州这个美丽的城市。来到苏州,才进入真正意义上的教育教学研究领域,曾获得江苏省第二届小学数学青年教师基本功二等奖,9 次获得市、区评优课、基本功、素养大赛、网络教研等各类比赛一等奖、第一名,各级各类的技能比赛极大提升了自己把握课堂教学的能力。

  2014 年 7 月,第一次做校长,在伦华教育创始人、总校长曹伦华先生的提携下,创办泰州市第一外国语学校;2019 年 8 月,又创立济宁高新区蓼河新城外国语学校,再次成为首任校长。创校的艰辛,唯有经历者才有深刻体会。

  回首自己的求学之路,也是一部多幕剧。1997 年开始自学汉语言文学和英语 2 个专科学历。自学英语纯属是个人兴趣,那时候中师不学英语,没有想到在考硕士和博士研究生时却派上大用场,印证了老子"无用之用,方为大用"的人生哲理。接着自学汉语言文学和数学与应用数学 2 个本科学历,获得理学学士学位。再次在职学习教育硕士和工商企业管理 2 个硕士研究生学位。最后求学于首都师范大学读学校课程与教学论专业教育博士。

多年的求学之路和从教之路,我吃过很多苦,更享受到很多甜,让自己一直坚持下来的密码就在于"喜欢琢磨教育科研"。

在我看来,这本专著不只是对一段专业成长的总结,也是对自己博士研究生课程学习的总结,更是给自己这么多年来对教育人生执着思考的一份答卷。

我常常思考:如何善待我的学生,做一个合格的老师?如何善待我的教学,做一个永葆激情的追梦人?如何善待我的家人,正确处理家庭和事业的关系,做一个有情有义的人?如何善待我的事业,做一个匠气十足的教书匠?如何善待我的专业成长,在思考中不断前行……

作为一名草根博士研究生,我很高兴地看到自己的专著刊成文字.每每想到最初确定这个话题的时候,不禁一阵阵欣喜。但在写这本专著的过程中迷茫过、彷徨过、困惑过,而每当求而不得感到困惑之时,又常常想要退却、放弃,这是一个不断地自我怀疑、自我否定的历程,也是一个需要不断地自我挑战、自我超越的历程,更是一个不断地自我发展、自我成长的历程。

感谢我的师父华应龙先生,您以真诚、理解的胸怀以及对教育理想的执着坚守与追寻,始终践行自己的教育理念并引领我进入数学教育的神奇殿堂。您的"化错教育"深深地影响我,让我总是发出感叹:小学数学还可以这么教?为什么我没有想到……

感谢我的博导张增田教授,您自始至终地支持使我不敢懈怠,不敢放弃,怕有负导师您的期待。"要时刻记住你是一位博士,要饱有科研思维。"导师您的这句话深深印刻在我的脑海中,在每每遇到困难、想要消极退却的时候,您坚定而强有力的精神力量总使我挺起胸膛、打起精神、深入思考,用有限的时间投入无限的科研思考中去。感谢我的导师,为我树立了人生的坐标。

感谢伦华教育创始人、总校长曹伦华先生,您渊博的学识、理想的情怀和创新的思维必将对我今后教育人生产生积极的影响和促进。感谢伦华教育,感谢我为之奋斗过的教育热土,都是我生命成长中的重要驿站。

感谢首都师范大学,感谢您的厚重、严谨与博大。这所以宁静博大、敦厚严谨、脚踏实地、人文情怀为主导氛围的大学学府,引领我一路为学为师、求实求新。

感谢我的父母和岳父母,是四老全身心地教育我成人成才,要善待自己的学生,做一个学生喜欢的好老师。你们勤俭节约的品质让我明白唯有奋斗才能改变命运。

最后还要感谢我的妻子黄明英女士和儿子游致谦,是你们给了我自由驰骋的天空,让我把主要精力投入在求学求新、为学为师的修行之路上;是你们对我的信任和引以为豪在我心底打下了最自信的底色,让我不断超越自我、自强不息、追求完美;你们是我一生中永远的靠山和后盾,让我明白生命的意义在于理解他人、彼此成就、利他利己……

大道思远,大道至简,大道不孤!